MEMOIRES

POLITIQUES & MILITAIRES

POUR SERVIR A'

L'HISTOIRE

DE NOTRE TEMS,

RECUEILLIS & PUBLIÉS

PAR. MR. D. V***

A FRANCFORT & LEIPZIG,

AUX DEPENS DE LA COMPAGNIE.

M DCC LX.

MEMOIRES

POLITIQUES & MILITAIRES
DE NOTRE TEMS.

No. I.

LETTRES DE Mr. LE MARL. DUC DE BELLESISLE, à Mr. LE MARL. DE CONTADES.

Avec les Extraits de quelques unes de Mr. de Contades au Duc.

Trouvées parmi les papiers de Mr. de Contades après la Battaille de Minden.

LETTRE PREMIERE.

Depuis le courrier, que je vous ai depeché hier, Monfieur, nous en avons reçu un de Manheim, (*) qui nous porte à croire, que nous ne pouvons trop tôt prendre toutes le mefures neceffaires pour la confervation de Duffeldorff; ,, le Roi ne fçauroit douter de la fidelité de l'Electeur Palatin, & de la droiture de fes intentions; ,, mais il n'en eft pas de même de tous fes ,, Miniftres, qui peuvent avoir des vues fort ,, différentes; c'eft pourquoi il convient, que ,, fans perdre de tems vous retiriez de Duf- ,, feldorf, fix des huits Bataillons Palatins, ,, qui y font; car je crois, qu'ils ont été ,, por-

A 2

(*) Voyez ci-après pag. 15.

„ portés pour cette campagne chacun à 750
„ hommes. Ce fera à vous à juger s'il con-
„ vient, d'y mettre quelques bataillons Fran-
„ çois de plus; ce que je ne crois pas, puis-
„ que vous y en avez déja quatre, & que,
„ vû tout ce que je vous ai mandé, il n'y
„ a point de fiege en forme à craindre; il
„ faut feulement que nous foyons les maîtres
„ dans cette place, & qu'il n'y ait point de
„ convention fourrée à craindre.   C'eft à
„ vous, Monfieur, à juger fi Mr. de Ber-
„ geyck eft fuffifant pour y commander, ou
„ s'il y faut mettre un Officier Général, fur
„ la fermeté & intelligence duquel vous puif-
„ fiez avoir plus de confiance.   Je ne con-
„ nois point du tout Mr. de Bergeyk par
„ moi même; mais ceux à qui j'en ai par-
„ lé, m'ont parû en avoir peu d'opinion.
„ Comme felon toute apparence Duffeldorff
„ ne fera pas longtems dans aucune efpece
„ de rifque, ce changement de chef ne vous
„ paroîtra peut-être pas fi néceffaire, furtout
„ quand il y fera le maître abfolu, & que
„ vous aurez ôté de Duffeldorff les trois
„ quarts des troupes Palatines; c'eft cet ar-
„ ticle qui preffe; vous en avez toute la fa-
„ cilité par le moyen du pont qui vous
„ rend la rive droite du Rhin abfolument
„ libre, pour mettre en même tems dans
„ cette place ce que vous jugerez pouvoir y
„ être néceffaire. "

Par

Par les nouvelles que je reçois de Mr. de Castries de Liege du 5., j'apprens que tout étoit absolument deblayé & remonté sur Givet. Il alloit marcher sur Tirlemont avec les Dragons de la Ferronaye, pour chasser 4. ou 500. Hussards ou Chasseurs Hanovriens, qui se sont avancé dans le Brabant pour exiger des contributions. J'ai peine à croire que Mr. le Prince de Brunswick ait ôsé faire passer la Meuse à son infanterie; il l'auroit fait sur le champ, pour profiter du peu de troupes qu'il y a dans le pays, au lieu qu'en différant il peut bien juger que nous y en ferons passer du Royaume. Tout cela me confirme de plus en plus, que ce n'est point du côté de la Meuse que Mr. le Prince Ferdinand tourne ses vues, à moins qu'il n'attende l'époque de l'arrivée de l'Escadre Angloise au bas de l'Escaut, où à Williamstat; c'est par cette raison, qu'il faut toujours faire faire les fours à Juliers, & y pousser des farines, quand vous le pourrez; nous voilà bientôt au 10. qui est l'époque de la marche de Mr. de Soubise sur Marpurg. Il faut voir quel effet elle opérera sur les mouvemens de Mr. le Prince Ferdinand.

Je voudrois bien, s'il étoit possible Monsieur, que vous eussiez un état exact du nombre de bataillons & d'escadrons, dont est composée l'Armée de Mr. le Prince Ferdinand.

A 3

Selon

Selon nos états il n'y a au total que 28. bataillons Hanovriens, il n'est pas vraisemblable qu'il n'en soit pas resté quelques uns au-delà du Weser, dans la Westphalie, à leurs ponts, & pour leurs communications; il me semble que c'est porter l'infanterie Hanovrienne, bien haut de la mettre à 18000. Hommes, car ils ont eu de très mauvaises recrues pour leurs augmentations, qui ont été faites par force, & nous avons appris par Hambourg qu'il en avoit deserté plus de la moitié.

Les Troupes de Brunswick supposées complettes, feroient 6000. Hommes; c'est beaucoup s'il y en a 5000.

Les Hessois sur le pied complet montent environ à 10,000. hommes; selon tous les avis de Mr. de Soubise il y en a 3000. restés dans la Hesse, il n'y en auroit donc que 7000. à l'Armée.

La Lippe & Gotha ne peuvent pas faire 2000. hommes; voilà donc au total 32,000. hommes d'Infanterie, car il n'y en a point de Prussienne; combien sur ce nombre ont-ils eu de soldats tués ou blessés à l'action du 23. Juin? Combien en ont-ils dans les Hopitaux? ajoutez à tout cela les détachemens dont j'ai parlé, & vous jugerez vous même, Monsieur, de ce qui reste vis-à-vis de vous.

A l'égard de la Cavalerie, il y a 34. Escadrons Hanovriens, & 16. Hessois, au total; dont au moins 5. font restés dans la Hesse.

Brun-

Brunfwick n'en a point. Cela ne fait donc que 45. Efcadrons en tout ; à quoi il faut ajouter ce qu'il y a de Cavalerie Pruffienne, dont je ne fçais pas le nombre : vous me ferez plaifir de me l'envoyer.

Votre Armée au contraire groffira. Dès que vous aurez répris la fupériorité, & que vous pourrez communiquer à Wefel, il ne vous faudra prefque plus rien à Duffeldorff, non plus qu'à Juliers, & tous les détachemens envoyés à Liége vous rejoindront.

A l'égard des 3. Bataillons qui étoient à Ruremonde, je crois vous avoir mandé que j'avois reçu l'ordre du Roi pour les arrêter en deça de la Meufe, pour couvrir Bruxelles & Anvers, jufqu'à ce que l'on voie plus clair dans les Affaires ; ainfi que le Régiment de la Ferronnaye.

Je n'ai rien d'ailleurs à ajouter à tout ce que je vous ai mandé dans ma Lettre d'hier ; nous penfons toujours de même, foumettant le tout à votre prudence, comme étant fur les lieux, & voyant les chofes de plus près.

J'ai l'honneur, &c.

A Verfailles, le 8. Juillet
1758.

Le Mar. Duc de Belleisle.

J'ai

LETTRE DEUXIEME.

J'ai reçu, Monsieur, la Lettre que vous m'avez fait l'honneur de m'écrire du 8., en réponse à la mienne du 3.; je l'ai portée au Roi qui étoit à St. Hubert, avec celle de Monsieur le Comte de Clermont; rien n'est plus louable que la conduite que ce Prince a tenue à votre égard, & le séjour qu'il a bien voulu faire à l'Armée pour vous y installer, & vous faire part de toutes les dépéches qu'il a reçues, depuis le passagedu Rhin.

Vous me dites que vous ne vous accoutumez point à penser, qu'une place comme Dusseldorff se rende sans être assiégée; nous sommes encore bien plus surpris que Mr. le Comte de Clermont l'ait souffert, étant le maître absolu comme il l'a été de l'empêcher, en se servant de tous les moyens qu'il avoit en mains; & ce qui y mettroit le comble, seroit comme j'en ai grand peur, que nous y eussions laissé notre Artillerie & nos Munitions de toutes espéces, les ennemis n'ayant point de Troupes à la rive droite, tandis que nous avons toujours eu une libre communication avec cette Place; les conséquences de la perte ou de la conservation de Dusseldorff sont si essentielles & si décisives, qu'elles n'ont pas pu échapper ni au Général,

ral, ni même aux particuliers ; il a été aifé de prévoir tous les embarras où on alloit fe trouver.

„ Il eft bien important d'avoir une tête
„ de pont à Duytz que l'Ennemi ne puiffe
„ pas emporter ; je vous ai mandé qu'après
„ avoir rempli les Formalités vis-à-vis du
„ Magiftrat de Cologne, il falloit prendre
„ de Force leur groffe Artillerie, en leur di-
„ fant que c'eft pour leur propre defence
„ contre l'Ennemi commun de l'Empire ; que
„ l'on la leur rendra quand on aura mis leur
„ ville en fûreté, &c. mais il faut à bon
„ compte prendre tout ce qui vous fera né-
„ ceffaire, & en faire donner de reçus. "

Je vous ai mandé auffi, Monfieur, de ne point fouffrir que les Miniftres de Pruffe & d'Angleterre, vinffent dans le Camp, & de les faire arrêter s'ils y venoient fans paffe-port ou permiffion, que vous ne leur don-neriez furement pas.

Je joins ici l'Extrait d'une Lettre que vient d'écrire à Mr. l'Abbé de Bernis, celui qui eft chargé des Affaires du Roi auprès de l'Electeur de Cologne ; fi ce que ce Prince dit, de la négligence exceffive qu'il y à notre Armée, eft tel qu'il l'expofe, je fuis bien af-furé que vous y aurez remedié fur le champ ; car vous aurez fenti toutes les fuites funeftes qui peuvent réfulter d'une pareil defordre,

 par

par la facilité qu'a eu l'Ennemi de juger par lui-même du fort & du foible de tout notre intérieur; il nous donne un bon exemple du contraire.

Je vois, Monsieur, que vous sentez toute la nécéssité de rester à portée de Cologne; il y en a une égale à être le maître de passer la riviere d'Erfft.

1. Vous conservez votre communication avec Juliers.

2. Pour être en état d'y faire passer les farines nécessaires pour tous les cas qui peuvent arriver.

3. Pour assurer des fourages & des subsistances, à quoi la plaine de Cologne qui est entre l'Erfft & le Rhin, ne pourroit apparemment pas suffire tout le tems qui sera nécessaire, pour attendre que la diversion que doit opérer l'Armée de Mr. de Soubise, oblige Mr. le Prince Ferdinand à retrogrâder pour repasser le Rhin, & pouvoir le suivre.

4. Pour l'empêcher de pouvoir faire le Siége de Juliers, & à tout évenement vous préparer le moyen de vous porter sur la Meuse, si Mr. le Prince Ferdinand prenoit le parti d'y marcher.

5) Enfin, pour être plus à portée de lui donner Bataille dans les plaines du pays de Juliers, & vous retirer derriere cette Capitale, si contre toute vraisemblance le sort des

Armes

Armes ne vous étoit pas favorable; nous regardons donc comme l'objet le plus nécessaire & le plus pressé, qu'à quelque prix que ce soit, vous vous rendiez maître de passer l'Erfft, & que vous preniez, pour cet effet, les mesures les plus promptes & les plus nerveuses, pour que l'Ennemi ne puisse pas vous en empêcher, s'il remontoit cette Riviere plus haut; j'ai vû par les Lettres precedentes, que nous tenions Bergen, qui est le Passage de l'Erfft, qui est le grand Chemin de Cologne à Liege, & que M. de Chabot étoit au-delà & à la rive gauche, avec la Légion Royale; il est donc facile de grossir ce Corps & de le soutenir en force, pour pouvoir faire passer l'Armée au-de là, en conservant toujours votre communication avec Cologne, vous en serez toujours plus près que l'Ennemi, qui à sa tête à Grevenbroeck; Cologne a de bonnes murailles; & si M. le Prince Ferdinand osoit passer à la rive droite de l'Erfft, vous en useriez de même, & l'y combattriez avec bien de l'avantage avant qu'il eût pu se rendre maître de cette Ville.

Je vous expose les intentions du Roi & le motifs qui l'appuïent; c'est à vous, Monsieur, qui êtes sur les lieux, à prendre les moyens & en determiner l'Epoque; vous devez faire pour cela les plus grands efforts, le succès vous fera beaucoup d'honneur, &

sa

ſa Majeſté ne vous rendra pas reſponſable de l'événement. Je vous envoie dès Notes dictées par le Conſeil, qui ſont plus ſon inſtruction, que pour vous rien preſcrire.

A l'egard des reflexions, vous ſentez bien, Monſieur, qu'elles ſont principalement fondées ſur la ſupoſition que les ſubſiſtances & les furages ne vous manquent à la longue, ſi vous vous laiſſez trop reſſerrer entre l'Erſſt & le Rhin, & que vous laiſſiez à Mr. le Prince Ferdinand la facilité de vous enlever Juliers, ce qu'il faut empêcher à quelque prix, que ce puiſſe être, & c'eſt ce qui exige que vous paſſiez l'Erſſt, ou du moins que vous vous conſerviez la ſureté de le paſſer quand vous le voudrez; car étant à cheval ſur l'Erſſt, & votre Armée campée à la rive gauche, il vous eſt bien plus facile de conſerver Cologne & votre communication avec cette Ville, que vous ne pouvez conſerver Juliers, l'Armée étant campée comme elle l'eſt à la rive droite.

Voilà, Monſieur, quelles ſont les principales obſervations que j'ai à vous faire pour aujourd'hui, ſoumettant toujours l'execution à votre prudence, & à ce que vous jugerez le plus convenable, pour rétablir l'honneur des Armes du Roi, & reprendre une ſupériorité que nous n'aurions jamais dû perdre, ayant à faire à un Ennemi inferieur en nombre, &

dont

dont la qualité des Troupes ne peut affure-
ment jamais être comparée à celles du Roi.

Je me flatte, Monſieur, que vous êtes
bien perſuadé de tous les ſentimens avec leſquels j'ai l'honneur d'être, &c.

A Verſailles, le 15. Juillet
1758.

Le Mar. Duc de Belleisle.

P. S.

J'ai encore deux obſervations à vous faire, Monſieur; la premiere ſur le Troupes
Palatines, & la ſeconde ſur les meſures à
prendre pour la conſervation de Juliers.

„ Quant aux Troupes Palatines, je crois
„ vous avoir deja mandé, Monſieur, que le
„ Roi n'a aucun doute de la fidelité de
„ l'Electeur dans ſon Alliance, ni de la pu-
„ reté des intentions de ce Prince, mais ſa
„ Majeſté a de fortes raiſons de penſer bien
„ différemment de quelques uns de ſes Mi-
„ niſtres, & de ſes Officiers Généraux; La
„ conduite que vient de tenir Mr. d'Iſſelbach
„ à Duſſeldorff, en eſt une preuve. Il eſt
„ donc néceſſaire, que ſans aucune eſpéce
„ d'affectation, vous ayez une attention par-
„ ticuliere ſur la maniere dont ſe conduiront
„ les dites Troupes Palatines, & que vous re-
„ gliez

,, gliez les différens usages que vous en fe-
,, rez rélativement, sans que néanmoins celui
,, qui les commandera puisse en avoir le
,, moindre soupçon; car pour ce qui est des
,, Colonéls & Officiers Subalternes des dites
,, Troupes, je les crois de très-bonne Foi,
,, & qu'ils feront parfaitement bien leur de-
,, voir dans toutes les occasions où vous les
,, employerez. Il m'a paru nécessaire que
,, vous fussiez instruit pour diriger votre con-
,, duite, & que cependant le secret soit pour
,, vous tout seul.

,, Les mêmes motifs exigent aussi, Mon-
,, sieur, que vous preniez de meilleures me-
,, sures pour la conservation de Juliers, qu'on
,, n'a fait pour Dusseldorff; je sçais que l'Of-
,, ficier Palatin qui y commande, est bon
,, François, mais cela ne suffit pas, si les mê-
,, mes Ministres de l'Electeur, dont nous
,, nous méfions, lui envoyoient des Ordres
,, qui vous soient contraires; il faut lui évi-
,, ter l'embarras où il pourroit se trouver;
,, nous y sommes déja les plus forts, puis
,, qu'il n'y a qu'un Bataillon Palatin, & que
,, nous y en avons deux François; il con-
,, vient que vous en envoyez un Officier Gé-
,, néral, ou au moins un Brigadier de votre
,, choix, auquel vous donnerez des Instruc-
,, tions secretes, pour que quelque cas qui
,, puisse arriver, & quelque Ordre que pût
,, rece-

„ recevoir le Commandant Palatin, il foit en
„ état d'en empêcher l'effet; j'ai lieu de croi-
„ re, fi c'eft le Sieur de la Roche, comme
„ on me l'a affuré, qu'il fera fort aife d'être
„ contredit, & qu'on lui fourniffe une ex-
„ cufe de n'avoir pas obeï à des Ordres
„ contraires au Service du Roi, s'il lui en
„ étoit envoyé. "

Le Mar. Duc de Belleisle.

LETTRE TROISIME.

Extrait d'une Lettre écrite par le Chargé des Affaires du Roi près l'Electeur de Cologne.

Je ne dois pas vous laiffer ignorer Mr. que Mr. le Chancelier m'a dit, que ce Prince avoit été extrêmement furpris de voir combien peu l'on fe tenoit fur fes gardes. Les François, me dit-il, n'ont ni gardes, ni poftes avancés, ni fentinelles; il n'y a aucun ordre dans leur camp; tout le monde y vit dans la plus grande fecurité; les Etrangers s'y promenent à leur aife, on ne leur fait pas la moindre queftion, on les laiffe aller par tout, jufques dans vos batteries : les efpions n'y ont rien à craindre; on dit même que tous les jours il vient des Officiers Hano-

vriens

vriens travestis, qui entendent tout ce qui se dit, qui voyent tout ce qui se passe, & qui reconnoissent toutes vos positions; vos conseils de guerre se tiennent dans une tente, & à si haute voix, que tous ceux qui sont dehors, pour peu qu'ils en soient à portée, entendent tout ce que l'on y traite. Nous apprennons cependant, que d'aujourd'hui (c'étoit le 6.) l'armée campe sur une même ligne; cela nous rassure un peu: mais vous voyez combien cette securité vous expose, & nous en même tems. Il y a tous les jours un tiers de votre Armée qui se promene à Cologne, & qui s'en retourne souvent plein de vin au Camp. On dit qu'au lieu de payer vos Espions, vous vous contentez de leur faire boire un coup.

Je remarque que depuis une couple de jours que l'on est informé de toutes ces partipularités, la frayeur & l'inquiétude ont beaucoup augmentés dans cette Cour.

MEMOIRES
POLITIQUES & MILITAIRES
POUR SERVIR à
L'HISTOIRE
DE NOTRE TEMS.

No. II.

SUITE DES LETTRES DE Mʀ. LE MARᴸ. DUC DE BELLEISLE, à Mʀ. LE MARᴸ. DE CONTADES.

LETTRE QUATRIEME.

Je crois, Monſieur, par la Lettre que vous m'avez fait l'honneur de m'écrire du 12. par la Poſte, que Mr. le Prince Ferdinand avoit fait un mouvement en avant, ayant Poſté ſa gauche à Caſtor, & ſon quartier Général à Grevenbroek ; que vous comptiez toujours marcher le lendemain 13. & occuper comme vous l'aviez projetté les hauteurs de Bettburg le 14. Je ſerai fort aiſe, je vous l'avoue, quand j'apprendrai que vous êtes placé avantageuſement ſur l'Erfft, & maître de la paſſer, perſuadé comme je le ſuis que Mr. le Prince Ferdinand ne ſe commettra point à une Action en plaine, vous profiterés de tous vos avantages ; il eſt tems de reprendre la ſupériorité que l'Armée du Roi auroit toujours dû conſerver, & que ce

B

ſoit

ſoit vous, Monſieur, qui donniés l'ordre à l'Ennemi, & ne le receviés plus de lui, la perte de Duſſeldorff eſt une raiſon de plus; il faut le forcer de deſcendre audeſſous, & vous mettre en état de pouvoir former tous vos Magazins à Neuſs, pour être tout au plus près de Mr. le Prince Ferdinand, lorſqu'il ſera obligé de repaſſer le Rhin. Il ſeroit fort à déſirer que vous puſſiez le combattre auparavant. Je ne crois pas qu'il s'y commette, du moins avant qu'il ait reçu le renfort des Anglois, que l'on lui a promis, qui devoit partir le 12. des Ports de la Tamiſe, ſi le vent à été favorable, pour venir débarquer à Embden. C'eſt ce qui à déterminé le Roi à renforcer auſſi votre Armée des 10000 Saxons qui viennent d'arriver en Alſace; je vais diriger leur marche ſur Tréves, où leur tête arrivera dans la fin du Mois, ou dans les premiers jours d'Août, & ſi je pouvois trouver aſſez de Bateaux, je les ferois embarquer ſur la Moſelle, ils vous joindroient plus promptement & plus repoſés. Par le compte que me rend Mr. de Montconſeil, qui en a fait la revuë; il en fait le plus grand éloge. Le Baron de Dyherrn, qui les commande, eſt un Officier d'un vrai mérite. Je vous informerai plus particuliérement dans quelques jours des époques de leur marche & de leur arrivée a votre Armée.

Je

Je vois, Monſieur, que la Ville de Cologne perſiſtoit dans ſon refus pour ſa groſſe Artillerie. Vous aurez reçu bientôt après ma Lettre, où je vous ai fait part des intentions du Roi pour prendre cette Artillerie par force, en rempliſſant néanmoins toutes les formalités preſcrites par les Loix de l'Empire, & autoriſées par les raiſons de Guerre, obſervant qu'il s'agit de faire la Guerre à l'Ennemi commun du corps Germanique, déclaré tel par la Diette de Ratisbonne; que Cologne eſt une Ville Impériale, qui par conſéquent ſe trouve elle-même en Guerre, contre le Roi de Pruſſe & ſes adhérans.

J'ai l'honneur de Etre, &c.

A Verſailles, le 19. Juillet 1758.

Le Mar. Duc de Belleisle.

* *

LETTRE CINQUIEME.

Je reçu hier, Monſieur, par votre Courier la Lettre que vous m'avez fait l'honneur de m'écrire du 15. & preſqu'en même tems celle du 13.

Pour ſuivre l'ordre des Dattes, j'ai vu par celle du 13. que vous aviez pris le parti de faire prendre par force dans l'Arſenal de la Ville de Cologne, l'Artillerie dont vous avez beſoin pour la défence de la tête de votre Pont, & que Mr. de Torcy s'étoit conduit

duit avec beaucoup de fageffe ; je fuis d'autant plus aife, Monfieur, que vous ayez pris ce parti, que vous aurez vu par une de mes Lettres, que c'étoit l'intention du Roi, en obfervant toutes les formalitez réquifes en pareil cas, au moyen de quoi, toutes les plaintes qu'ils pourront porter à la Diette de Ratisbonne n'y feront aucun effet.

Je reviens à préfent à votre Lettre du 15. que j'ai portée fur le champ au Roi, qui l'a lue avec toute la fatisfaction, qu'il attend depuis long-tems, de voir enfin fon Armée marcher pour combattre l'Ennemi, & ne l'évite pas comme elle a fait en retrogradant depuis le commencement de la Campagne; rien n'eft mieux que les difpofitions que vous avez faites pour recevoir les attaques de Mr. le Prince Ferdinand; & ce qui a encore plû davantage à Sa Majefté, a été votre volonté de l'aller attaquer le lendemain 16. fi ce Prince fut refté en deçà de l'Erfft; il eft fâcheux qu'il vous ait ôté une fi belle occafion, & qu'il ait repaffé l'Erfft avec affez de diligence pour que vous n'ayez pu joindre fon Arriere - garde; il s'agit à préfent de conferver cette fupériorité fi défirée, que vous avez réprife, & que vous continuez à donner l'ordre à Mr. le Prince Ferdinand; je fens toutes les difficultez que vous allez trouver pour vos mouvemens par la perte de Duffeldorff; je vois pourtant avec grand plaifir que le

Sieur

Sieur de Peyre vous promet de vous fournir le Pain néceſſaire à l'Armée, au cas, comme il y a grande apparence, que vous ſoyez obligé de le faire paſſer à la rive droite, & de vous éloigner de Cologne.

J'en étois-là lorſque le Courier que je vous avois dépêché m'a rapporté votre réponſe en datte du 16. par laquelle il paroît que Mr. le Prince Ferdinand avoit ſa gauche à Neuſs, l'Erfft devant lui.

Il eſt deſagréable que vous vous croyez forcé d'attendre, pour prendre un parti, que les mouvemens du Prince Ferdinand ſoyent plus décidez; je ne doute pas ſi vous paſſiez l'Erfft, comme vous le pouvez, que vous n'obligeaſſiez Mr. le Prince Ferdinand à repaſſer le Rhin ſur les Ponts qu'il a établis à Duſſeldorff; mais je compte qu'il lui faut une journée pour porter toute ſon Armée à la rive droite, & qu'il lui en faut encore deux pour remonter de Duſſeldorff, ſur la tête de votre Pont de Cologne, qu'il ne pourroit attaquer que le 3. jour, &, qu'à peu de choſe près, vous pourriez faire la même diligence pour vous trouver à la rive droite, ſur tout ſi vous parvenez à faire un ſecond Pont à Cologne, ce qui ne vous ſera pas difficile, en tirant ce qui vous manquera de Coblentz.

Seroit-il impoſſible, en dérobant une marche à Mr. le Prince Ferdnand, paſſant l'Erfft la nuit avec la plus grande diligence,

B 3

de

de vous porter aſſez promptement, ſur ſon Armée, pour qu'il ne fut plus le maître de repaſſer le Rhin devant vous? Vous le combattriez avec tout l'avantage ; enfin on ne peut que s'en rapporter à vôtre prudence, à vôtre capacité, & à toute la volonté que vous avez certainement, de porter quelque échec conſidérable a l'Armée ennemie.

Je vois ce que vous m'envoyez de l'Armée Hannovrienne, que je ſuis d'accord avec vous pour le nombre de Battaillons & d'Eſcadrons ; vous ne les croyez certainement pas plus complets que moi, je ſai qu'ils ont bien des malades, ils ont perdus ſans-doute à la journée du 23, joignez à cela les détachemens qu'ils ont ; l'on voit qu'il y a un Corps, quelque médiocre qu'il ſoit, à portée de Weſel ; ils en ont à leurs Ponts, à Munſter ; tout cela cadre avec une ſeconde Lettre que le Prince Ferdinand a écrite au Roi d'Angleterre du 4. Juillet par laquelle il lui demande encore un ſecours de Troupes Angloiſes ; il ſait un détail de l'Etat de ſon Armée, où il conclut, qu'il n'a au total que 35 a 36000. hommes en état de combattre.

Nous ſavons encore que ce ſecours Anglois n'étoit point encore embarqué le 11. & qu'on ne comptoit pas qu'il pût être prêt a mettre à la Voile avant le Lundi 17 ; ce ſecours ne doit être d'abord que de 3500. hommes d'Infanterie, & de 15. Eſcadrons ;

les

les partifans du Roi de Pruffe qui font en grand nombre a Londres, veulent qu'on le porte jufqu'à 12000. hommes; mais cela n'eft point encore accordé, & tout le mois d'Août fe paffera bien, avant qu'il en puiffe être queftion.

A tout événement je viens d'envoyer les ordres pour que les 10000. Saxons fe mettent en marche pour Coblentz; je vous enverrai inceffamment leur Route, & l'époque de leur arrivée au dit Coblentz; il fera queftion de voir dans ce tems-là, c'eft-à-dire vers le 10. d'Août, s'il faudra qu'ils defcendent pour vous joindre, ou s'il ne fera pas plus néceffaire de les porter fur Caffel pour renforcer Mr. de Soubife, dans le cas où Mr. le Prince Ferdinand auroit marché après avoir repaffé le Rhin, avec toute fon Armée contre lui, car en fuppofant qu'il laiffe une fimple Garnifon dans Duffeldorff, & la rive droite du Rhin libre pour communiquer à Wefel, je prévois toujours, que vos mouvemens ne feront jamais affez prompts, pour pouvoir fuivre d'auffi près qu'il le faudroit Mr. le Prince Ferdinand, & faire diverfion en faveur de Mr. de Soubife.

C'eft à vous, Monfieur, à bien réfléchir fur le parti que vous aurés à prendre, ou de vous porter d'abord fur la Lippe, & donner une nouvelle forme à la Garnifon de Wefel, ou de fuivre Mr. le Prince Ferdinand par la Route qu'il tiendra pour marcher dans

B 4

la

la Hesse, ou si vous ne pensez pas qu'il faille reprendre plutôt que plus tard sur Dussel-dorff; voyez, je vous prie, avec Mr. de Va-liere & Mr. Silet, ce qu'ils estiment qui peut être nécessaire pour faire ce Siége, & d'où est-ce qu'il faudra tirer toute l'Artillerie & les Munitions; y en auroit-il dans Cologne suffisamment? & si une fois vous étiez le Maître de la rive droite, ne pourroit on pas tirer de Wesel tout ce qui manqueroit à Co-logne? ou si enfin il faut tirer cela ou d'Al-sace ou de Metz.

Je pense encore qu'au moyen du renfort des 10000. Saxons, vous pourriez suivre & agir contre Mr. le Prince Ferdinand, & lais-ser seulement quelques Brigades d'Infanterie pour suffire à la garde de la Tranchée & aux travaux, que l'on ne peut pas faire par des pionniers; il est certain que plutôt nous pourrons rédevenir Maîtres de Dussel-dorff & mieux ce sera, si cela se peut, sans compromettre Mr. de Soubise, qui aura pour-tant 36000. hommes, mais il n'a pas assez de Cavalerie. Mr. le Duc de Broglio m'a assuré qu'il y avoit un poste excellent à pren-dre auprès de Cassel, où 35000. hommes, n'en craindroient pas 50000; ce sont des vérifications ou des combinaisons à faire, qui méritent les plus grandes Réflexions; vous êtes plus capable que personne d'en faire de bonnes & de justes; je ne doute pas que

vous

vous ne vous teniez en grande relation avec Mr. de Soubife; fi il vous aura mandé qu'il eft Maître du Château de Marpurg, que les Heffois n'ont ofé défendre; je fuis perfuadé qu'il en fera de même de Caffel, d'où le Landgrave fera encore une fois obligé de s'enfuir.

J'ai mandé à Mr. de Soubife, que dès qu'il feroit arrivé à Caffel, il fît travailler fans relâche, le plus grand nombre de pionniers qu'il fera poffible pour raccommoder & mettre dans le meilleur état le grand chemin qui conduit de cette Capitale à Cologne; il faut charger Mr. de Torcy de faire la même chofe dans toute la partie du chemin qui avoifine Cologne en allant vers Caffel jufqu'à la rencontre des autres; & fi comme je l'efpére, il y a de la fûreté, il faudroit charger quelqu'Aide-Marechal des Logis, & autres perfonnes intelligentes, pour conduire ce travail; car cette communication pourra dévenir extrêmement utile, & peut-être même néceffaire.

Je penfe tout haut avec vous, Monfieur; c'eft le feul moyen d'arriver au bien que nous voulons également vous & moi; je puis me tromper, & je foumets toutes les décifions à vos connoiffances locales, aux circonftances qui changent d'un moment à l'autre. Le point que le Roi avoit le plus à cœur étoit devoir réprendre la fupériorité à fon Armée; vous venez de remplir parfaitement cet objet; fa Majefté s'en répofe fur vous, pour ne la plus perdre, & bien battre Mr. le Prince Ferdinand, dès-que vous en aurez l'occasion.

J'ai fait grand plaisir à Madame la Dauphine, en lui lisant l'apostille de vôtre main sur Mr. le Comte de Lusace, qu'elle aime tendrement; vous ferez bien de ne négliger aucune occasion d'en parler; la conduite que ce Prince à tenue pendant la derniere Campagne, fait juger que vous en serez bien content, surtout si les Saxons vous joignent; car il ne manquera pas de se mettre à leur tête.

J'ai lu aussi au Roi ce que vous mandez sur Mr. le Prince de Condé, je ne manquerai pas de lui faire mention de vôtre attention, la premiere fois que j'aurai l'honneur de lui écrire.

J'ai celui d'être avec le plus sincere attachement, Monsieur, vôtre très-humble, &c.

A Versailles, le 20. Juillet 1758.

Le Mar. Duc de Belleisle.

P. S. Je crois devoir encore vous ajouter, Monsieur, que dès que Mr. le Prince Ferdinand aura été obligé de repasser le Rhin, soit par les mouvemens que vous ferez pour l'y obliger, soit par l'Impression que doit faire la marche de l'Armée de Mr. de Soubise sur Cassel, il ne faudra pas perdre un moment à rétablir vos communications avec la Meuse; vous n'aurez plus besoin alors de

deux

deux Bataillons François dans Juliers, vous n'oublierez pas que la Garnison de Gueldres manque de tout, & qu'il faudra remettre une Garnison dans Ruremonde, nous pourrons y renvoyer Mr. de Bouard avec les trois mêmes Bataillons, qui y étoient ci-devant avec lui, afin de rétablir le plus promptement la communication de cette Place avec Wesel; vous pourrez alors en retirer les Bataillons de la Marche, qui étoit déja destiné pour votre Armée; de mon côté je donnerai dès à présent les ordres nécessaires à Givet, & dans nos autres Places de la Meuse, pour faire redescendre, quand on le pourra, en toute sûreté, toutes les provisions & munitions de guerre & de bouche, dont vous pouvez avoir besoin, sur quoi vous aurez agréable de me faire envoyer des états circonstanciés, & le plus à l'avance qu'il sera possible, car, quand on a du tems devant soi, les choses s'en font beaucoup mieux, avec plus d'ordre, & avec plus d'Oeconomie.

Le Mar. Duc de Belleisle.

Je joins ici, Monsieur, une Lettre du Roi pour Mr. le Comte de Noailles.

Une de Madame la Dauphine pour Mr. le Comte de Lusace.

Une de Madame de Pompadour pour vous, & une pour Mr. de Lutzelbourg.

J'en

J'en joins trois des miennes, que vous voudrez bien ordonner qu'on remette à Mr. de Guerchy, de Chevert, & de Monteynard, & une 4me pour Mr. de Mortaigne, que je vous prie de lui faire passer à Bonn s'il y est encore, ou à l'addresse qu'il me mande vous avoir laissée.

Dans le moment Madame la Princesse de Condé m'envoye encore la Lettre ci jointe pour Mr. le Prince de Condé.

LETTRE SIXIEME.

J'ai reçu, Monsieur, presqu'à la fois les Lettres que vous m'avez fait l'honneur de m'écrire du 18. & celle que vôtre Courier m'a apportée du 20.

Vous me faites part dans la 1re, de l'arrivée de Mr. le Chevalier de Castella, frere de celui qui commande à Wesel, je suis surpris, je l'avoue, que Mr. le Prince Ferdinand ait consenti qu'il vous envoyât un Officier, qui ne peut que confirmer le Commendant de Wesel à rejetter toute la proposition. Car Mr. le Prince Ferdinand sent bien votre supériorité, & qu'avec l'Armée de Mr. de Soubise de plus, il ne peut pas avoir la moindre lueur d'espérance de prendre Wesel.

D'après tout ce que vous me faites l'honneur de me confirmer du caractere de Mr. de
Castella

Caſtella, nous devons être fort tranquilles ſur Weſel; & Mr. de Caſtella ne manquera pas de ſe conformer aux ordres que vous lui avez donnez. Il eſt bon que vous ayez pu lui faire paſſer un peu d'argent. Mr. d'Affry vient de m'écrire qu'il pourroit trouver auſſi le moyen d'en faire paſſer à Weſel quand on en voudroit.

L'on communique à préſent de Liége & de Rure-monde avec Gueldres; il eut été à déſirer que l'on y eut laiſſé 150. ou 200. Chevaux, avec quelque Infanterie de Troupes légeres, ils auroient deſolé l'Ennemi dans ſes Convois & communications. Mr. de Caſtries y a mis 60. Volontaires de Hainaut qui n'étoient point à Minden; ils y ont déja fait deux expéditions, & fait des priſonniers.

J'apprends anſſi de Liége par Mr. Durand d'Aubigny, que nonobſtant tous ſes ſoins, il n'avoit pu avoir que 400. Voitures, de mille qu'on lui avoit promiſes. Mr. de Beſenwald, qui a ſuccedé à Mr. de Caſtries, en a demandé dans les Pays-Bas; tout cela a retardé à mon regret, le départ des 6000. ſacs de farine, que vous aviez fait demander pour être conduits à Juliers. Vous avez ſans-doute pris en même tems toutes les meſures néceſſaires pour la ſureté de ce Convoi. J'ai mandé à Mr. de Beſenwald & d'Aubigny de ſe conformer à vos ordres, ſoit pour l'époque du départ, ſoit pour la route qu'il y aura à tenir. Le Régiment de Dragons de la Ferronnaye auroit pu en ſervant d'eſcorte vous joindre. Je ne ſuis point en peine des premiers jours de marche en quittant la Meuſe; mais en approchant de Juliers, il peut y avoir beaucoup de danger, la droite de l'Armée des ennemis n'en étant pas infiniment éloignée: & comme vous connoiſſez mieux que perſonne toute l'importance de ce Convoi, vous

aurez

aurez furement pris vos précautions pour le faire arriver à bon Port.

J'ai envoyé à Mr. le **C.** de Clermont, pendant
qu'il étoit encore à Wefel, une Lettre de Mr. de Ri-
chelieu, qui fait le détail de ce qui s'étoit paffé entre lui & Mr. le Prince Ferdinand pour un cartel; il
auroit du naturellement vous laiffer tous fes papiers;
au furplus ils ne vous feront d'aucune utilité; il faudroit en revenir au cartel de **1743.**; c'eft ce qu'il faut
propofer à Mr. le Prince Ferdinand; mais je doute,
qu'il y confente, parce qu'ils ont beaucoup de pri-
fonniers à nous, & que nous en avons fort peu des
leurs; il n'y a toujours point de mal de le tenter, à l'occafion du rendez-vous, dont vous venez de convenir
pour Aix-la-Chapelle.

Je vois que Mr. de Peyre fait defcendre par vos ordres, une grande quantité de farines de Coblence à Cologne, que vous comptez de faire renverfer fur Juliers.
Les 4. Ponts que vous faites réparer fur l'Erfft, facili-
teront ces Convois, & vous mettront en état de vous
porter plus diligemment fur Mr. le Prince Ferdinand,
lorfque ce Prince fera quelques mouvemens foit pour
repaffer le Rhin à Duffeldorff, foit pour defcendre cette
riviere. Vous me faites un grand plaifir de m'apprendre, qu'au cas que vous paffaffiez le Rhin à Cologne,
pour fuivre l'ennemi, qui l'auroit paffé à Duffeldorff,
le Sieur de Peyre vous promet que le pain ne vous
manquera pas, par cette route; c'eft ce qui me paroif-
foit bien difficile, & cependant d'une grande importance par rapport à Mr. de Soubife, qui comme vous
favez, eft préfentement à Caffel. Il va s'occuper les
premiers jours à s'approvifionner pour être enfuite en
état d'agir, foit en fe portant fur la Lippe ou ailleurs,
fuivant le parti qu'aura pris Mr. le Prince Ferdinand,
& les combinaifons que vous aurez faites pour concer-
ter vos mouvemens; tout dépend d'être bien averti,
& de calculer en conféquence. Nous n'avons encore
aucune nouvelle du départ des Anglois. Surement il
ne

ne doit y avoir que 15. escadrons. Nos avis varient beaucoup sur le nombre de l'Infanterie ; les plus forts les portent à 5500. ; mais tout cela ne peut pas joindre avant le 15, ou le 20 d'Août ; & les Saxons seront à Coblence & Andernach, la tête le 6, & l'arrierre-garde le 18.

A l'égard des troupes Palatines, il me paroît que vous en êtes content ; il est sur que Monsieur de Baden, qui est je crois celui qui les commande, pense bien différement de Mr. d'Isselbach ; je suis persuadé, que vous en serez content. C'est toujours bien fait d'avoir pris la précaution de les placer au centre, & de les partager dans vos deux lignes. Je suis persuadé que Mr. de la Roche, qui est à Juliers, se conduira tout différemment, si le cas y écheoit ; mais j'espère bien qu'il n'arrivera pas. Mr. de St. Simon que vous avez envoyé pour y commander, sera bien aussi capable pour le moins, que Mr. de Bergeyck.

J'ai trouvé dans votre lettre vos réponses aux nottes des Mrs. du Conseil ; elles répondent parfaitement à toutes les démandes. Je vous avois prévenu qu'il y en avoit beaucoup, qui n'étoient pas faites par des gens de guerre. La position que vous avez prise & les ordres que vous avez donné pour approvisionner Juliers, répondent à toutes celles qui étoient essentielles.

S'il est vrai que Mr. le Prince Ferdinand ait renvoyé ses gros bagages à Meurs, ce seroit une marque qu'il voudroit descendre ses ponts plus bas, & se porter plutôt sur la Lippe. L'arrivée de Mr. de Soubise à Cassel, doit bientôt le décider à prendre un parti.

Je crois bien tout comme vous, Monsieur, que ce qui a été mandé à Mr. l'Abbé de Bernis du peu de précautions que l'on prénoit pour entrer & sortir de notre camp, est un peu éxageré ; mais il y en a encore beaucoup trop, & je ne suis pas en peine que vous n'y apportiez bientôt le rémede, ainsi qu'à bien d'autres, désordres de toutes espéces. ,, Je vais écrire une grande Let-
,, tre à Mr. Gayot sur l'article des depenses : elles sont
,, in-

„ infoutenables ; & comme je paffe ma vie à déman-
„ der de l'argent à Mr. le Contr. Général, qui ne peut
„ pas m'en donner, il faut du moins que nous tâ-
„ chions, & je vous prie inftamment, Monfieur de
„ m'y aider de diminuer, même de retrancher toutes
„ celles qui font fuperflues, & d'œconomifer fur celles
„ qui font indifpenfables, " par exemple, je vois que
l'on donne du fourage fec au quartier Général, Officiers Généraux, état Major &c. C'eft ce que je n'ai encore jamais vu, quand on eft en pleine Campagne &
que l'on fourage. J'ai vu, quand je commandois l'Armée, qu'on me donnoit du fourage pour mes chevaux
de monture, encore pas toujours, & que mes mulets &
autres chevaux de l'équipage alloient fourager. Il y a
encore un article de l'hôpital ambulant, qui me paroit
exorbitant.

„ Je vous prie encore une fois, Monfieur, aidez
„ moi, ainfi que Mr. Gayot, pour œconomifer, fans
„ quoi nous manquerons d'argent pour les articles les
„ plus effentiels. "

J'apprends dans ce moment, par une Lettre de Mr.
de Befenwald, qu'il avoit reçu vos ordres en détail
pour la fûreté de votre convoi de farine, & qu'il comptoit l'exécuter, comme il vous en a rendu compte. Je
n'en dis pas davantage. Je fuppofe que vous profitez
de cette occafion pour faire venir le Regiment de la
Ferronaye à votre Armée.

J'ai l'honneur d'être, &c.

A Verfailles le 26. Juillet
1758.

Le Mar. DUC DE BELLEISLE.

MÉMOIRES
POLITIQUES & MILITAIRES
POUR SERVIR à
L'HISTOIRE
DE NOTRE TEMS.

No. III.

SUITE DES LETTRES DE Mr. LE MARL. DUC DE BELLEISLE, à Mr. LE MARL. DE CONTADES.

LETTRE SEPTIEME.

J'ai reçu ce matin, Monsieur, par votre courier la Lettre dont vous m'avez honoré du 17. & je n'ai reçu que quelques heures après celle du 16, qui étoit venue par le courier de Monsieur le Comte de Lusace, parce que Mr. de Fontenay, Ministre du Roi de Pologne à qui il l'avoit confiée, ne me l'a apportée qu'après que j'avois lu au Roi celle de votre courier, & que Sa Majesté a fait chercher par tout Mr. de Fontenay pour avoir l'autre; je vois que le Rhin avoit continué de vous contrarier, mais que cependant les eaux commençoient à baisser, & qu'enfin toute votre Armée auroit achevé de passer le 18.

Il y a lieu de croire, puisque Mr. le Prince Ferdinand étoit encore à Boecholt,

C

que

que de son côté il éprouve aussi des empê-
chemens; nous avons des Nouvelles de Hollande, qui disent que les Anglois n'avoient
achevé d'être débarqués à Embden que le
12, auquel cas j'espére qu'il ne sera gueres
en état de marcher plutôt que vous, & je
pense de même qu'il se portera plutôt sur
Munster & le bas Weser que sur la Lippe.

„ Le Roi a lû lui-même, comme il fait
„ toujours, votre Lettre du 16. l'explication
„ très-claire que vous me donnez, de la
„ marche que vous avez faite pour vous por-
„ ter de Gladebach par Budgen, & S. M.
„ l'a trouvée très-intelligible & très-raison-
„ nable. "

Vous avez grande raison de vouloir avoir
deux ponts à Wesel & un à Dusseldorff, dès
que les eaux se seront retirées, & vous le
permettront: vous ne sçauriez trop-tôt faire
faire l'Etat-Général de tous les Batteaux que
vous pourrez faire rassembler de toutes parts,
1°. pour conserver tout ce qui vous est nécessaire pour vos trois ponts, & faire ensuite
remonter tout le reste à Coblence, pour que
j'en puisse faire usage pour vous faire descendre des fourages; j'en fais rassembler de toutes parts dans toutes les Provinces qui avoi-
sinent le Rhin, la Meuse, la Moselle, la Saare,
& la Sambre: je crains de manquer de Batteaux, & qu'il faudra leur faire faire plusieurs voya-
ges,

ges, pour porter dans les lieux dont nous
conviendrons, toutes les quantités dont je prévois que nous aurons befoin, quelque emplacement que nous puiffions prendre pour le
quartier d'hiver des Troupes, article dont je
fuis extrêmement occupé, & que je ne traiterai avec vous qu'après avoir répondu au mémoire que vous venez de m'adreffer, fur le
plan d'opérations que vous jugez que votre
Armée & celle de Mr. de Soubife peuvent
faire pendant le refte de cette Campagne.

,, Vous avez vû, Monfieur, par ma précé-
,, dente quelles font les intentions du Roi par
,, rapport à Duffeldorff, je ne répéterai point
,, en détail ce que je vous en ai mandé; l'in-
,, tention du Roi eft toujours la même, 1°.
,, il ne doit y avoir dans Duffeldorff aucune
,, troupe Palatine, qu'environ 100. ou 150.
,, hommes au plus pour la garde intérieure
,, du Palais de l'Electeur ; Mr. de Bergeyck
,, partira demain pour s'y rendre ; je lui ai
,, donné les mêmes inftructions de bouche
,, & fort en détail ; mais comme il lui faut
,, un ordre & inftruction par écrit, c'eft au
,, Général de l'Armée du Roi à la lui don-
,, ner, en conféquence de ce que je vous ai
,, mandé des intentions de Sa Majefté ; & je
,, fuis fort aife de voir que de vous-même
,, vous m'ayez déja prévenu, en défendant de
,, ne point laiffer entrer de Troupes Palati-
,, nes dans Duffeldorff.

C 2

,, Quand

„ Quand à Mr. d'Iſſelbach, ce n'eſt pas
„ encore aſſez de ne lui accorder aucun com-
„ mandement, il faut s'il vient à Duſſeldorff
„ lui ſignifier bien nettement qu'il ne peut &
„ ne doit reſter comme un ſimple particulier,
„ ſans ſe mêler abſolument de quoique ce ſoit
„ qui puiſſe avoir le moindre rapport à la
„ partie Militaire, ni à la Police intérieure;
„ s'il eſt Membre de la Régence, à la bonne
„ heure; mais il ne doit ſe mêler que du
„ Gouvernement civil, de l'adminiſtration de
„ la juſtice, des finances, &c. Mr. l'Abbé de
„ Bernis a écrit en conformité à Mr. de Zuck-
„ mantel, qui le déclarera aux Miniſtres de
„ l'Electeur Palatin. "

La Lettre de Mr. le Prince d'Iſembourg
du 31. Juillet, écrite à Mr. le Prince Ferdinand, nous confirme que le Corps qu'il commande n'eſt pas bien rédoutable, & qu'il n'y
a ni magaſins ni approviſionnement à Lipſtat,
non plus qu'à Hamelen: vous aurez ſans - doute
envoyé à Mr. de Soubiſe une pareille copie
de la Lettre de Mr. d'Iſembourg.

J'ai reçu l'état des couvertures qui ſe trouvent dans Weſel; j'attendrai que M. Gayot
d'une part, & Mr. de Cornillon de l'autre
aïent conſtaté tous les états tant des couvertures que des gillets afin que je puiſſe en conſéquence prendre les meſures néceſſaires pour
faire faire les ſuplémens.

A l'é-

A l'égard du Mémoire que vous a remis Mr. de Valliere, concernant l'Artillerie & Munitions de Guerre qui se font trouvées dans Dusseldorff, dont vous m'avez envoyé copie, elle est encore si informe que j'attendrai des états plus détaillés & plus circonstanciés, après qu'on aura retiré de l'eau, les batteaux dans lesquels on croit que l'Artillerie du Roi avoit été chargée, pour pouvoir asseoir un jugement ; il s'en trouvera peut-être encore ailleurs ; il y a des Lettres de Cologne qui l'annoncent.

Je suis bien aise que Mr. de Bouard ait été vous trouver, pour regler avec lui & Mr. Filet ce qu'il est néceffaire de faire à Ruremonde, pour mettre cette Ville à l'abri d'un coup de main, il faudra également mettre Gueldres en état, & fonger auffi à achever tout ce qui manque à Wefel à tout événement.

J'ai l'honneur d'être, &c.

A Verfailles, le 20. d'Août 1758.

Le Mar. Duc de Belleisle.

LETTRE HUITIEME.

Je ne vous ai point fait mention hier, Monfieur le Maréchal, du mémoire qui étoit joint à votre Lettre du 20. fur la pofition actuelle des Armées Hanovrienne & du

Bas

Bas Rhin, parce qu'après en avoir fait la lecture au Conseil, & la matiere amplement discutée, Mr. le Maréchal d'Etrées qui connoît beaucoup mieux le pays & le local dont il y est question, fut chargé de rédiger le mémoire, qu'il m'apporta hier au soir, & que je joins ici; vous y verrez qu'il est presque d'accor avec vous sur plusieurs points principaux, & ce qu'il pense qu'il est indispensable de faire, si les circonstances ne vous mettent pas en état de faire mieux.

Sçavoir, qu'il faut, à quelque prix que ce soit, consommer toutes les subsistances de la haute Lippe, des environs de Paderborn, & du Pays intermédiaire entre la Lippe, Paderborn, & Warsbourg; ce sera autant de subsistances prises sur l'Ennemi d'ici à la fin d'8bre, & vous détruirez tout ce que vous n'aurez pas pu consommer, pour faire un désert de toute la Westphalie depuis Lipstat & Munster jusqu'au Rhin d'une part, & de l'autre depuis la haute Lippe & Paderborn jusqu'à Cassel, afin que les Ennemis se trouvent dans l'impossibilité de se porter sur le Rhin & sur la basse Roër pour ce qui vous concerne; & qu'à l'égard de Mr. de Soubise ils ne puissent pas occuper Cassel, encore moins se porter sur Marbourg, ni sur les quartiers qu'il occupera le long de la Lohn, ni sur ceux que vous occuperez depuis le bas de la rive gauche

che de la Roër à la rive droite du Rhin jusqu'à Dusseldorff & à Cologne.

J'en étois-là lorsque j'ai reçu votre dépê-
che du 22.; j'y vois par les copies des deux
Lettres que vous avez écrites le même jour à
Mr. le Prince de Soubise, que vous projet-
tiez, de vous-même, une partie de ce que
propose Mr. le Maréchal d'Etrées, depuis que
vous avez appris que Mr. le Général Oberg
étoit encore près de Paderborn, & que Mr.
le Prince Ferdinand avoit encore poussé quatre
Bataillons & six Escadrons par Munster, di-
rigeant leur marche sur Warendorff, que vous
aviez déja commencé à pousser à Werle le
corps des Saxons & celui aux ordres de Mr.
de Fitzjames à Unna, & Mr. de Beauffre-
mont à Dortmunde.

„ Je vois aussi qu'outre les 22. Bataillons
„ & 36. Escadrons, allongés sur le chemin
„ de Soest, & que sur les premieres nouvel-
„ les vous y porterez la tête de ces troupes,
„ & qu'apprenant que Mr. de Soubise s'étoit
„ retiré à Gottingen, & n'ayant plus d'in-
„ quiétude pour sa retraite, vous alliez à pré-
„ sent vous occuper du soin d'obliger Mr. le
„ Prince Ferdinand à abandonner sa position.

„ J'ai été ravi, je vous l'avoue, Monsieur
„ le Marechal, de vous voir dans cette dé-
„ termination, par toutes les raisons que je
„ vous ai expliquées dans mes precédentes. "

C 4

Je

Je vous repondrai plus cathégoriquement & un peu plus en detail, dans quelques jours, ſur le dernier plan des quartiers d'hyver que vous m'avez envoyé.

En général nous penſons a peu près de même, hors que j'ai toujours inſiſté pour occuper des quartiers entre la rive gauche de la baſſe Roër, & la rive droite du Rhin juſqu'à Duſſeldorff & Cologne; j'ai vu par votre derniére Lettre que vous me paroiſſiez vous arranger en conſéquence; je ferai bien aiſe lorsque vous en aurez fait faire le projet par Mr. de Monteynard, que vous me le communiquiez; je compte que cette occupation mettra tout le reſte de vos quartiers en plus grande tranquillité, diminuera votre conſommation de fourages à la rive gauche, & vous en procurera, que les troupes legéres tireront en avant de la Montagne; je traiterai encore cet article de fourages avec Mr. Gayot qui vous en rendra Compte; cet article eſt celui qui m'inquiéte & m'occupe le plus; je vous prie d'y donner la plus férieuſe attention, en mettant toutes ſortes de moyens en Oeuvre.

Je vois encore que vous penſez tout comme moi & vous me décidez entierement ſur Mr. de la Morliere; je vous avoue, Monſieur le Maréchal, que je ſuis en colere de voir que perſonne ne veuille concourir férieuſement au rétabliſſement de la diſcipline, & aider le

Mini-

Ministere & le Général, en dénonçant ceux qui font le defordre ; car il eft certain que vous & moi, ne pouvons pas tout voir par nous-mêmes; il faut efpérer qu'en tenant bon, nous en viendrons à bout.

Il n'y a pas à héfiter à faire la punition la plus févere contre l'Officier du Régiment de Rochefort qui a forcé la fentinelle, & a frappé le fergent de garde; la fentinelle auroit très-bien fait de lui caffer un bras ou une jambe; il faut fuivre la rigueur des ordonnances; il eft heureux que cela tombe fur un mauvais fujet.

Je commence à croire que nos 4 Piéces de 24 de Duffeldorff, ont été amenées ainfi que nos mortiers.

Je vais remettre à Mr. l'Abbé de Bernis, la lettre chiffrée pour Milord Holderneffe, pour voir ce que l'on en pourra tirer.

Mr. le Général Fôrmer a écrit à tous les Miniftres de l'Impératrice de Ruffie dans les Cours de l'Europe, une lettre femblable à celle que vous a montré Mr. le Prince d'Holgorouki.

J'ai l'honneur d'être avec le plus fincére & le plus inviolable attachement, Monfieur le Maréchal, votre très-humble & très-obeiffant Serviteur,

A Paris le 26. Septembre
1758.

Le Mar. Duc DE BELLEISLE.

LETTE NEUVIEME.

C'eſt moi - même qui répons, Monſieur le Maréchal, aux deux Lettres dont vous m'avez honoré du 29 & du 30 Septembre. Je ſuis abſolument ſans fiévre; l'humeur d'éréſipéle ſe deſſéche, & j'ai un œil déjà abſolument libre; ainſi j'eſpére qu'en continuant encore le régime auſtére que j'obſerve, dans peu de jours je n'aurai plus que des forces à reprendre.

Vous étiez enfin inſtruit poſitivement de l'arrivée du Général Oberg vis-à-vis Caſſel, & vous aviez dirigé Mr. de Chevert, & tout ce qui eſt à ſes ordres, ſur Warbourg, où il devoit arriver le 4. Si Mr. d'Oberg n'a pas quitté ſa poſition, au plus tard le premier Octobre, il aura bien de la peine à s'en retirer ſain & ſauf; je commence à l'eſpérer, car nous voila au 5, & Mr. de Soubiſe m'a mandé du 29, qu'il ne m'enverroit point de Courrier qu'il n'y eût quelque choſe de nouveau; je pourrois actuellement avoir des Lettres de lui du 2, au matin; les nouvelles vont devenir intéreſſantes.

J'ai vu avec la plus grande ſatisfaction, le ſuccès de la commiſſion dont vous avez chargé Mr. de St. Pern, & qu'ils s'en eſt acquitté avec toute l'intelligence, la prévoyance & le ſecret poſſibles; & a été parfaitement
tement

tement fecondé par Mr. le Comte de Broglie, qui commandoit fon avant - garde, avec Mr. du Châtelet & de Blot. Cette avanture eft cent fois plus defagréable pour Mr. le Prince Ferdinand, & notament pour Mr. le Prince de Holftein, que s'ils avoient perdu le double & le triple fans perdre leur Camp, ce qui eft toujours fort humiliant. Je comprens que tout le monde eft content, & c'eft ce qui arrive toujours dans les affaires bien conduites, où chacun remplit bien fon devoir; fi à la fuite de cet événement, vous parvenez à couper la retraite de Mr. d'Oberg, en tôtal ou en partie, vous aurez bien rempli les vues du Roi, & vous vous trouveriez en état de parvenir à notre principal objet, qui eft de confommer ou détruire toutes les fubfiftances de la rive gauche du Wefer, de l'Evêché de Paderborn, du haut de la Lippe, & de l'Ems; car c'eft également détruire le pays que d'obliger l'ennemi à le manger; il eft d'autant plus néceffaire de faire un défert de toute la Weftphalie, que nous fommes informés de très-bonne part, que le projet du Roi de Pruffe, adopté par le Roi d'Angleterre, eft de faire la Guerre la plus grande partie de l'hyver, comme le moyen le plus affuré de nous faire le nous faire le plus grand mal; ils font actuellement travailler à Hambourg, & dans toutes les grandes villes, à des gillets,

à

à des bottines, des gands, des bonnets & des Calottes pour leurs troupes; mais si avec toutes ces précautions il faut qu'ils portent du fourage du bas du Weser par Chariots, pour venir attaquer nos quartiers sur le bas de la Roër & sur le Rhin, ils seront dans l'impossibilité d'y parvenir, par les transports impracticables dans cette saison, à une aussi grande distance; il ne leur resteroit donc que le bas du Rhin, en se servant encore des canaux, & du territoire de la Hollande; c'est à quoi je ne doute pas que vous n'apportiez des obstacles, & ne preniez toutes les précautions nécessaires. Seroit-il impossible de mettre Rées & Emmerick en assez bon état de défense, pour pouvoir les garder assez en force l'hyver, pour n'avoir rien à y craindre; je n'ai trouvé personne ici qui connoisse ces deux petites villes; l'on m'a assuré qu'en faisant faire une bonne redoute avec du Canon, immédiatement sur le bord de la limite du territoire Hollandois, il seroit impossible que l'ennemi pût tenter aucun passage dans cette partie, qui est la seule en même tems par où il pourroit tirer des fourages & autres approvisionnemens.

J'ai vû dans votre dernier plan de quartiers d'hyver, Duysbourg, Kayserswerth, Duytz; & sans-doute que vous avez donné ordre d'avance, pour les faire mettre en bon état de défense; comptez-vous maintenir un Pont perma-

permanent à Cologne ? Je crois que si cela se peut il n'en sera que mieux.   Je n'ai point vû dans l'état de vos quartiers Neuwiedt & Lins, qui suivant des plans que j'en ai vu, ne peuvent être pris qu'avec du gros canon, quand il y aura des garnisons suffisantes ; il y a encore d'autres postes à la rive droite en remontant jusqu'à Coblence ; l'occupation de toute cette partie, doit vous procurer beaucoup plus de fourage que l'on ne croit ; il n'y a jamais eu de Troupes, & en prenant tout ce qui y est avec ordre, & donnant des reçus, comme je l'ai expliqué, ce sera un grand secours, sans avoir besoin d'argent à la main ; l'Electeur de Trêves, que j'ai déja prévenu sur la nécessité où nous étions de tenir les deux rives du haut Rhin, s'y prêtera de très-bonne grace, il exigera quelques formalités de plus, par rapport à la Ville de Coblence, qui est celle de sa résidence, mais il finira par faire tout ce que le Roi voudra.

Je vous enverrai par le premier Courier, les additions que je vous propose pour quelques parties des quartiers des Troupes, comme, par exemple, de mettre dans le pays de Liége, une 20. d'escadrons ; je suis assuré qu'il y a de quoi les y nourrir six mois & au-delà, je pense aussi qu'on peut mettre dix ou douze battaillons dans Cologne, qui y seront très au large, & près de leur réparation, &

c'est

c'eſt un corps d'Infanterie porté depuis Cologne juſqu'à Weſel, avec Duſſeldorff au centre, où il peut fort bien tenir auſſi huit ou dix bataillons ; voyez combien peu de tems il faudroit pour porter 50 bataillons au point où ſe feroit dirigé l'ennemi ; & comment pourroit-il y arriver & s'y tenir enſemble ? Je vous fais part de toutes mes idées, que je ſoumets entierement à votre déciſion voyant les choſes de beaucoup plus prêts.

Je ſuis bien aiſe que Monſieur le Prince Ferdinand ait accepté Emmerick, & qu'en vous envoyant ſon Paſſe-port pour Mr. de la Salle, il vous ait mandé que le Sieur Greisback s'y rendroit de même ; j'eſpére que les 100 mille écus que Mr. de la Salle portera, pour payer à compte de ce qui eſt dû à la Chancellerie d'Hanovre, ſatisferont, & que le ſurplus de ce qui reſte dû, n'empêchera pas la conſommation du cartel ; ſi contre mon attente le Sieur de la Salle s'appercevoit du contraire, faites le moi ſçavoir, je vous prie ſur le champ, je ne laiſſerois pas Mr. de Boullongne en repos, qu'il ne m'eut fait remettre cette ſomme, & vous pouvez autoriſer Mr. de la Salle à en prendre l'engagement bien formel, s'il voit que cela ſoit abſolument néceſſaire ; car par préférence à tout, il faut tâcher de conformer ce cartel, qui doit nous procurer le retour de huit à dix mille vieux Soldats.

Vous me ferez plaiſir de m'envoyer le plutôt que vous le pourriez, la liſte & l'état des Régimens que vous croyez devoir renvoyer en France, à cauſe de leur foibleſſe pour que je puiſſe le plutôt, & avant l'hyver, faire avancer dans notre Flandre, des Régimens que nous avons ici en meilleur état, pour qu'ils puiſſent dès la fin d'Avril, ſe porter où vous le jugerez le plus convenable, & y être à tems ſans être fatigués. Vous ne doutez pas de toute l'envie que j'ai de vous procurer Mr. votre Fils & Mr. votre neveu, & j'en ai déja été occupé ; mais la nouvelle

velle entreprife dont les Anglois nous menacent encore, m'a forcé de retenir fur nos côtes toutes les
Troupes; tous les ordres étoient déja expédiés, j'ai
été obligé de dépêcher des Couriers en Normandie,
Bretagne, Poitou & Annis, pour rapprocher toute
la côte; comment pourrois-je, dans l'hyver, faire
revenir des Régimens des parties les plus Occiden-
tales, pour aller rejoindre l'Armée? ces Régimens
arriveroient détruits & ruinés, d'autant qu'ils ont
eu, & ont encore beaucoup de malades.

Je crois, Monfieur le Maréchal, que vous ren-
dez un grand fervice à l'état, en excitant bien férieu-
fement M. M. les Colonels à faire faire des recrues,
je ne dis pas qu'ils n'auront point de milices abfolument; mais je dis que ceux qui par leur négligence
n'auront pas fait les recrues poffibles, payeront les
miliciens, que le Roi leur donnera pour les compléter, le double de ce qu'il leur en auroit couté, s'ils
avoient travaillé; & on proportionnera le prix à la
pareffe ou négligence des Capitaines; ce qui vous
paroîtra, je crois, très-jufte.

A l'égard des Troupes légéres, je vois avec plaifir que vous penfez tout comme moi, qu'il faut abfolument qu'elles paffent l'hyver à la rive droite du
Rhin, & occupent la tête de tous nos quartiers; je
fçais bien que comme ces Troupes font beaucoup
plus fatiguées que les autres, elles doivent avoir befoin de fecours & d'un traitement particulier; il eft
jufte que le Roi entre dans la dépenfe, que les pertes
qu'ils font toute la campagne, exigent au double &
au triple; mais il faudroit auffi que les chefs de ces
Troupes, euffent une attention fuivie de fe recruter
& de remonter pendant les douze mois de l'année;
qu'il fut conftaté par une revue bien exacte, faite le
dernier de chaque mois, combien chaque compagnie
a perdu, pourquoi, & comment; pareil état de ce
que chaque Capitaine auroit fait d'hommes de recrues, ou acheté de chevaux, pendant le dit mois;
que

que l'infpecteur fuivît tout ce détail avec grande attention, & que fur le compte qu'il en rendroit, il y eut un traitement graduel & proportionné qu'il fut exactement payé. Comme il faut partir d'où nous fommes, commençons à conftater l'état réel & effectif; faites vous rendre compte particuliérement de tout ce qui concerne cet article : & faites vous même un arrangement, tel que vous le jugerez convenable, pour qu'on travaille dès à préfent efficacement; vous aurez agréable de m'envoyer votre plan, & je vous promets d'y donner de mon côté, une attention toute particuliére; je fçais combien les Troupes légéres font néceffaires pendant la Campagne; elles le font encore plus. Si cela fe peut, pendant l'hyver, fur tout cette année, que l'on veut que les Troupes fe repofent; il eft donc également jufte & néceffaire de leur en fournir les moyens, & que les Officiers puiffent être raifonnablement contens de leur traitement & de leur état fans quoi la befogne ne peut pas bien aller, ni le Roi être bien fervi; c'eft dans cet efprit que je rejette bien loin, la propofition que faifoit Mr. de Chabo, de mettre la légion Royale en fecond ou troifiéme ligne, & demande en même tems un congé pour lui; je lui mande que quand on fait le métier auquel il s'eft voué lui-même, il faut renoncer à tout congé & à toute autre affaire, tant que durera la Guerre; il fera fon chemin beaucoup plus vite, & cela fera jufte.

J'ai l'honneur d'être avec l'attachement le plus fincere & le plus inviolable, Monfieur le Maréchal, votre très-humble & très-obéiffant ferviteur,

A Verfailles, le 5. Octobre
1758.

Le Mar. Duc de Belleisle.

MEMOIRES

POLITIQUES & MILITAIRES

POUR SERVIR à

L'HISTOIRE

DE NOTRE TEMS.

No. IV.

SUITE DES LETTRES DE Mʀ. LE MARᴸ. DUC DE BELLEISLE, à Mʀ. LE MARᴸ. DE CONTADES.

LETTRE DIXIEME.

Je réponds, Monsieur le Marechal, à la Lettre dont vous m'avez honoré du neuf toujours bien sensible à l'inquiétude où vous êtes encore sur ma santé. Vous aurez vu par une de mes précédentes, qu'il ne me restoit plus que beaucoup de foiblesse, il me faudroit du repos, & c'est ce qu'il m'est impossible de prendre ; la saison n'est pas favorable pour les personnes de mon âge, je me menage d'ailleurs en tout ce qui peut dépendre de moi.

Il paroît par ce que vous me dites des mouvemens de Mr. le Prince Ferdinand qu'il ne se presse pas beaucoup.

A l'égard de Mr. de Soubise, il aura vraisemblablement passé la Fulde le 9 conjointement avec Mr. de Chevert; mais je ne crois pas que les ennemis les y attendent. Reste à savoir le parti que vous jugerez le plus convenable à prendre, que vous seul pouvez combiner avec vos moyens. 1°. Vous êtes instruit de tous les motifs politiques. 2°. De la situation actuelle des Armées de tous nos alliés. 8°. De la nécessité de consommer ou détruire le plus qu'il sera possible, toutes les subsistances, & sur-tout les fourages qu'il y a entre le Weser & le Rhin d'une part, & de l'autre entre la Lippe, l'Evêché de Paderborn, la Dymel, la Fulde, & la Vera, pour faire un désert de la Westphalie & de la Hesse, & que l'ennemi ne puisse point, cet hyver, se porter en force ni sur le Rhin, ni sur la Lohn, & que nos Troupes puissent paser l'hyver tranquilles dans leurs quartiers; car comme il est bien décidé que nous ne pouvons point faire d'établissement plus avant dans l'Allemagne pour cette année, notre principal objet doit être le plus prompt rétablissement de nos Troupes, pour pouvoir mieux faire la guerre.

guerre l'année prochaine, & entrer en Campagne de très bonne heure. Ce ne sera pas peu que de parvenir avec bien des soins, de la suite, & de l'œconomie, de trouver de quoi nourrir tous nos chevaux de toutes espéces, jusqu'au mois de Juin.

Mr. de Cremille me communiquera les réponses que vous lui faites sur les équipages des vivres, & les chevaux que vous jugerez convenable de conserver pendant l'hyver, ainsi que pour ceux de l'artillerie; vous vous réduisez aparemment au simple nécessaire, afin que les autres aillent s'établir le plus à portée, qui sera aparemment la Flandre pour ceux de votre Armée, & la basse Alsace pour ceux de l'Armée de Mr. de Soubise. La diminution que nous allons faire, du nombre d'Officiers Généraux, & de l'état Major, fera encore une grande diminution de consommation; car le Roi ne nourrira point les équipages de tous ceux qui ne seront point employés l'hyver. Vous me demandez, Monsieur le Maréchal, si l'on feroit délivrer la viande au Soldat au-delà du 1 Novembre; il n'est pas douteux qu'il ne faille continuer la viande aux troupes, jusqu'au jour qu'elles entreront dans leurs quartiers pour l'hyver, après quoi elles vivront en la maniere ordinaire, au moyen de leur

D 2

solde.

folde. Il n'y a pas d'exemple que le Roi ait jamais fait de traitement extraordinaire à fes troupes à fes dépens ; ce n'a jamais été que proportionnément à ce que l'on à pû tirer des pays conquis, ou ennemis, auxquels on impofe des contributions ; ce que nous en tirerons cette année, fera fi médiocre, qu'à peine pourra-t-il fuffire pour procurer quelque chofe à Meff. les Officiers Généraux, & pour les troupes légeres, qui font dans un cas tout particulier, & ont befoin d'un fecours extraordinaire, d'autant plus néceffaire, qu'elles ont infiniment plus fatigué, plus perdu, & plus ufé que les autres, & qu'au-lieu de fe repofer, elles continueront de fatiguer beaucoup, & de perdre encore. Il faudra bien auffi donner, à titre de gratification, aux régimens qui fe trouveront dans des quartiers plus expofés, & plus fatigués à la rive droite du Rhin. Je n'efpére pas que tout ce que nous pourrons tirer de l'ennemi, puiffe nous procurer beaucoup au delà de tout ce qu'il nous faudra pour les articles ci-deffus ; je fens que cela eft très-fâcheux, mais comme dit le proverbe, là où il n'y a rien, le Roi perd fes droits ; & dans le fond, les Régimens qui feront dans des villes entre le Rhin & la Meufe, & dans de groffes places, telles que Wefel, Cologne, Duffeldorp, feront tout auffi bien

.que

que dans nos villes frontieres. S'il avoit été possible de rassembler une somme suffisante, ce seroit le soldat auquel j'aurois donné la préference ; tout ce que je pourrai faire, sera de leur continuer le Ris, ce qui avec l'augmentation de 4 onces de pain, ne laisse pas d'être un véritable secours.

Je vais vous envoyer les deux Lettres de service que vous démandez pour Mrs. les Ch. de St. Simon & de Lents. Je vais attendre l'état définitif du nombre, & des noms des Officiers Généraux que vous proposez à employer pendant l'hyver. J'ai traité cette matiere si amplement avec vous, que je crois n'avoir rien de plus, à y ajoûter. Faites je vous prie, bien attention de proposer pour les aides de l'état Major, les sujets que vous croyez absolument les meilleurs, car comme il n'y aura à ajouter pour la Campagne que le peu que je vous ai mandé, si par complaisance, par récommandation, ou autrement, vous en conserviez à présent de médiocres pour l'hyver, vous seriez embarassé à l'ouverture de la Campagne prochaine pour les renvoyer, & en mettre d'autres a leur place ; il y auroit même une sorte d'injustice & de dureté, au-lieu qu'à présent vous êtes absolument Libre.

Il faut efpérer que la fiévre qu'à Mr. de Valliere, n'aura point de fuite. Ayez agréable de donner vos ordres pour faire remonter à Mayence, & de-la en Alface par le Rhin, toutes les piéces de Canon, qui ont été repêchées pans le Rhin, près de Duffeldorp, puis qu'elles font hors de fervice.

J'ai traité à fond la matiere des vivres avec le Sr. de Bourgade; car quoique vous m'ayez mandé, qu'à commencer du 1. Novembre, vous tireriez votre pain de Duffeldorp, comme j'en connois la difficulté, tant par l'éloignement, que par la quantité de mauvais chemins, & la néceffité des efcortes, fur-tout l'ennemi tenant Lipftad, j'ai demandé à Bourgade de tâcher d'y fuppléer, en pouffant des Farines de Mayence & du Mayn fur Marbourg, & delà à Caffel & Paderborn; ce grand chemin eft praticable en tout tems, & exigera bien moins de précaution pour la fûreté. Bourgade m'y paroît embaraffé à caufe du peu de délai qu'il y à d'ici au 1. Novembre, & de l'éloignement des tranfports. Je croi que l'on pourroit trouver des bleds, peut-être même des Farines, en quantité fuffifante, foit dans la Heffe, dans l'Evêché de Paderborn, même dans le Comté de la Marck, & fur-tout dans la principauté de Waldeck, où l'on
m'af-

m'assure qu'il y a beaucoup de foin & de paille. Je sais bien que toute cette principauté est neutre, mais quoique le Prince de Waldeck le paroisse extérieurement, il est l'un des plus mal-intentionnés, & mérite fort peu d'être menagé; vous ne devez donc pas balancer à faire prendre chez lui tout ce qui y sera, en faisant tout avec ordre, donnant des reçus; tout ce que vous laisserez de subsistance dans son pays, sera pour les Ennemis, qui s'en aideront, pour se porter sur la Lohn, & sur les quartiers que vous ferez occuper sur la Rive gauche de la Roër; c'est donc une précaution d'en tout enlever, devenue en quelque maniere indispensable.

Je crois vous avoir fait part de la précaution que l'on m'avoit faite, de faire occuper Rées & Emmerick, en y établissant un Pont sur le Rhin, mais je crois que cette idée ne peut être bonne, qu'autant que les postes peuvent être mis en état de soutenir un siége; sans quoi il y auroit plus de danger de les occuper, que de les laisser. C'est à vous seul, Monsieur le Maréchal, à en décider.

J'ai l'honneur d'être, &c.

A Paris, le 13 Octobre
   1 7 5 8.

Le Mar. Duc de Belleisle.

LET-

LETTRE ONZIEME.

Je réponds, Monsieur le Maréchal, à la Lettre dont vous m'avez honoré du 11. vous ignoriez encore ce qui s'étoit passé le 10. au-delà de la Foulde. Il s'agit de voir à présent le parti que vous aurez jugé le plus convenable à prendre, pour parvenir le plus surement & le plus promptement à notre but, qui doit être de manger, enlever, ou détruire, tous les fourages & subsistances des pays que nous ne pouvons pas occuper, afin que l'ennemi ne puisse point avoir des moyens pour marcher assez en force sur nos quartiers, quand nous serons établis. Il est bien certain que nous ne pouvons point faire de conquête, ni d'établissement entre le Rhin & le Weser; il en est, je crois, de même de Cassel. Toute notre activité, notre force, & notre industrie, doivent être employées pour assurer notre repos pendant l'hyver. Le haut de la Lippe, le pays de Paderborn, sont les plus fertiles & les plus abondans, *il faut donc les manger radicalement;* & comme Mr. de Soubise, par les raisons susdites ne peut, ni ne doit suivre les ennemis dans le Pays d'Hanovre, il ne gardera ap-

parem-

paremment que le néceſſaire, pour la ſureté de Caſſel, & de ſa communication avec
Marbourg, & vous renverra apparemment
Mr. de Chevert, en y joignant peut-être
de ſes Troupes, pour que ce que vous 'en-
voyerez ſur Paderborn, y ſoit plus en force; car ſuivant les détalis, dans leſquels je
ſuis entré avec Bourgade, pour votre pain;
il ſera difficile de vous en fournir pour une
partie du mois de Novembre; ſi tout ce
qui ſera du côté de Paderborn ne tiroit les
vivres de Marbourg & de Caſſel, ce qui di-
minue d'autant votre conſommation à Ham..
Je raiſonne & je penſe tout haut avec vous,
Monſieur le Maréchal, vous êtes ſur les
Lieux, & voyez les objets de plus-près,
vous ferez ſurement tout pour le mieux.

Je vois Monſieur le Prince Ferdinand à
Munſter; l'on dit qu'il y fait venir les Magaſins d'Oſnabrug; il ſera fâcheux qu'il puiſſe
tenir un auſſi gros quartier ſi près de vous;
c'eſt une raiſon de plus de lui ôter tous les
autres moyens, en dévaſtant le pays, & ſur-
tout l'intermediaire entre la Lippe & la Roër,
& tout ce qu'il y a dans le Comté de la
Marck & de Waldeck.

Je vois qu'il ne faut pas ſonger à Rées
ni à Emmerick. A l'égard de la rédoute

D 5

dont

dont je vous ai parlé, à placer fur le bord
de la limite de Hollande, c'eft à la rive
gauche; car cette partie me paroît la feu-
le par où l'ennemi puiffe jamais fonger à
paffer le Rhin, ce que je ne crois pas poffible, quand on fe conduira mieux qu'on n'a
fait cette année.

Il eft bien fâcheux qu'on ne puiffe pas
mettre dans un certain état Keyferswerth &
Duytsbourg; il faut pourtant bien y faire
quelque chofe, dès qu'on doit les occuper,
j'en ai traité dans la Lettre y jointe, que
j'ai dictée hier; l'article de Duytz me paroît encore plus indifpenfable que les autres,
par la raifon que je vous en ai déduite fom-
mairement, que Mr. de Torcy vous expli-
quera bien plus au long. Vous favez qu'il
ne faut pas toujours s'en rapporter aux Ingé-
nieurs, qui ne font bons que pour exécuter
ce qu'un homme de guerre a projetté, Duytz
me paroît effentiel à plufieurs égards, ayant une
auffi groffe Garnifon que celle qu'il y aura dans
Cologne pour le foutenir; autre raifon pour
y avoir un Pont pour communiquer; je
fuis l'inconvenient des glaces, mais il eft
momantané, & d'ici au printems prochain
il ne fe paffera peut-être pas la valeur de
deux ou trois femaines fans qu'il puiffe fub-
fifter; vous ferez fur cela vos réflexions;
s'il

s'il n'eſt queſtion que de doubler ou tripler les travailleurs, ſur-tout pour Duytz, je n'héſiterois pas à le faire.

Je crois vous avoir déjà mandé que l'Electeur de Trèves recevra toutes les Troupes que nous voudrons envoyer dans ſon pays, autant qu'il en pourra contenir. Je vous ai envoyé copie d'un Etat que m'a adreſſé Mr. le Chevalier d'Aigremont ; vous pouvez vous mettre en relation directe avec lui pour abréger ; il ſuffira ſeulement que j'en ſois informé, afin de me conduire relativement.

Je ſuis bien curieux d'apprendre le réſultat du travail de Mr. de la Salle à Emmerick, car j'ai, je vous l'avoue, le ſuccès du Cartel fort à cœur. J'attendrai que vous puiſſiez m'envoyer l'Etat des Régimens que vous comptez renvoyer en France, tant Infanterie que Cavalerie, le plutôt que je pourrai le ſavoir ſera le mieux, afin de diriger ſur la Flandre ou Metz, ceux que j'aurai à vous faire paſſer pour les remplacer. Il eſt juſte que de votre côté, vous preniez pour cela toutes les inſtructions néceſſaires. A l'égard des Troupes légéres, je trouve que l'on n'y a pas fait aſſez d'attention juſqu'à préſent ; le ſervice s'eſt

mon=

monté de façon, que ce font elles qui font prefque feules toute la guerre de Campagne. Les ennemis qui en ont multipliés les efpéces, nous ayant en quelque maniere, forcés à en avoir de même ; ce qui fait beaucoup de tort à notre Cavalerie, dont les Officiers n'apprennent point leur metier ; la Cavalerie ne voyant pour ainfi dire l'ennemi qu'un jour de bataille. Ce n'eft pas ici le lieu d'une Differtation que je pourrois faire avec vous, Monfieur le Maréchal, fur cette matiere ; j'en raifonnerai dans le petit féjour que vous ferez ici cet hyver. Je reviens aux Troupes légéres, je dis que puifqu'elles font continuellement en action toute la Campagne, il eft de toute néceffité qu'elles perdent beaucoup d'hommes & de chevaux, & par conféquent d'armement, d'équippement, & de harnois. Il eft d'autant plus néceffaire de réparer, recruter & remonter ces Troupes tous les mois, que quand la Campagne eft finie, bien loin de pouvoir leur procurer du repos, il faut encore les mettre à la tête de tous les quartiers, pour qu'ils faffent la guerre tout l'hyver, ce qui exige par conféquent un traitement particulier, & c'eft à quoi je vais pourvoir ; car je compte que vous mettrez toutes les dites Troupes légéres, favoir la légion Royale, les Volontaires de Flandre

dre, & les deux Régimens de Huſſards à la rive droite du Rhin, où vous les jugerez les plus utiles, ainſi que ce qui reſte des Volontaires de Hainaut. Je vous envoyerai au 4. Novembre, les Volontaires de Clermont Prince, au nombre de 1200. & les Volontaires Liégeois, commandés par le Sieur Hallé au nombre de 600. ces deux Troupes ſont complettes & bien compoſées en Officiers ; tout le monde me dit beaucoup de bien dudit Sieur Hallé. Ces deux Troupes formeront 1200. hommes de pied, & 600. chevaux.

A l'égard des Volontaires de Flandre, je ſuis tout déterminé à faire retirer Mr. de la Marliere ; je vais voir la forme que je donnerai à cette Troupe, & qui je propoſerai au Roi pour en avoir le commandement ; & peut-être même faudra-t-il la groſſir des debris des Volontaires de Hainaut, à moins que l'on n'en formât une Brigade particuliere, qui ſeroit jointe à la Légion Royale, & dont le Chef ſeroit ſubordonné à Mr. de Chabo, auquel je vais écrire, comme vous le ſouhaitez, pour l'obliger à reſter l'hyver a la droite du Rhin ; ſauf, ſi cela eſt indiſpenſable, à lui donner congé pour un mois. Vous me ferez plaiſir, Monſieur fieur le Maréchal de me faire part , fur tout cela , de vos réflexions & obfervations.

Je fuis bien aife que vous penfiez tout comme moi , que l'on a trop multiplié les graces , & fur-tout les grades , depuis quelque tems ; tout le monde veut être Colonel , & Lieutenant-Colonel , & les uns & les autres Brigadiers , après quoi on ne fait plus qu'en faire , & perfonne ne veut plus refter Capitaine. Je fais qu'il eft difficile de détruire un pareil abus tout-d'un-coup; mais il faut pourtant y revenir , & remettre dans les têtes , qu'un Colonel eft un homme qui a un Regiment , ou qui en a eu; qu'il faut mériter d'obtenir la préference, mais qu'en attendant il faut bien refter Capitaine; & cela étoit ainfi du tems du feu Roi; car tout eft par comparaifon. On demande à préfent des commiffions de Lieutenant-Colonel pour tous les Capitaines de Grenadiers , qui fe font trouvés à la moindre action; témoin la demande que fait aujourd'hui Mr. de St. Pern , pour une affaire où il y a eu au total 6. hommes tués , & 30. bleffés. Si on fuivoit ce principe , au premier grand fiége tous les Capitaines de Grenadiers deviendroient Lieutenants-Colonels. Vous conviendrez que cela eft infoutenable. Je mande à Mr. de St. Pern combien

le

le Roi est satisfait de l'intelligence, de la sagesse, & de l'activité de ses dispositions, de la précision avec laquelle toute cette opération a été exécutée; ce qui lui fait beaucoup d'honneur, ainsi qu'aux Officiers Généraux qui y ont été employés sous ses ordres, & notamment Mr. le Comte de Broglie, à qui il en avoit confié l'avant-garde. Je la charge aussi de dire aux Colonels & Officiers particuliers, combien le Roi est content de leur zéle, & de la volonté des Troupes; je lui ajoute, que le Roi ne s'est point encore déterminé aux graces à cette occasion. Je vois que vous desireriez que l'on donnât à Mr. de St. Pern la grande croix de St. Louis; c'est ce qui est impossible dans le moment présent, puisqu'il y en a actuellement une quantité de surnumeraires, & qu'il est indispensable d'attendre que toutes ces places soient remplies.

Je pense bien tout comme vous sur Mr. le Chev. d'Auland, dont je connois tout le mérite. Je repugne beaucoup, je vous l'avoue, à la commission de Lieutenant-Colonel, pour un Major des Grenadiers de France, ainsi que pour Mr. de Monnerai Major d'Orléans, que je sais bien être un excellent sujet; mais il ne semble que tout cela ne doit point céder aux raisons que je viens de

vous

vous dire. Des penfions, des gratifications, à la bonne heure; mais foyons bien fobres pour les grades. Je propoferai donc au Roi le Chev. d'Auland; une penfion pour Mr. de Surlaville; & quelques gratifications, & Croix de St. Louis, pour les Officiers des Grenadiers de France & de Navarre qui ont eu le plus de part à l'action. J'ai l'honneur d'Etre, &c.

A Fontainebleau, le 16. Octobre
1 7 5 8.

Le Mar. Duc de Belleisle.

MEMOIRES
POLITIQUES & MILITAIRES
POUR SERVIR à
L'HISTOIRE
DE NOTRE TEMS.

No. V.

SUITE DES LETTRES DE M^{R.} LE MAR^{L.} DUC DE BELLEISLE, à M^{R.} LE MAR^{L.} DE CONTADES.

LETTRE DOUZIEME.

Je répons, Monsieur le Maréchal, à la Lettre dont vous m'avez honoré du 13. Vous étiez informé de la Victoire remportée, le 10. sur Mess. le Prince d'Isenbourg & Général d'Oberg ; vous y avez la meilleure part, & je vous en fais encore de tout mon cœur mon bien sincère compliment. Toute la conduite, que vous avez tenue pour l'envoi de ce secours, vous fait un honneur infini ; s'il en avoit été usé de même l'année dernière, vous sçavez aussi bien que personne tous les malheurs que l'on eût prévenu ; & pour nous, & pour nos alliés. Je vois par ce que me mande Mr. le Prince de Soubise, combien il est touché de vos attentions auxquelles il répondra en tout ce qui pourra dépendre de

E

lui:

lui : Il a prévenu ce que vous lui avez d[e]
mandé, ayant dès le lendemain de l'actio[n]
donné ses ordres pour que Mess. de Ch[e]
vert & de Fitzjames se portassent sur Wa[l]
bourg, & pris toutes les mesures nécessair[es]
pour que le pain leur fût fourni non seul[e]
ment pour les huit jours que vous exige[z]
mais encore pour une bonne partie du tem[s]
que ce Corps, & ce que vous jugerez à pr[o]
pos d'y joindre, pourra séjourner dans l'Evê
ché de Paderborn ; de mon côté j'avois pr[é]
vu les difficultés qu'il pourroit y avoir à tire[r]
votre pain de Dusseldorff, tant que vous se
riez dans cet éloignement, & ai pris toute[s]
les précautions possibles pour qu'on forçât de[s]
envois de farine de Mayence & de Hana[u]
sur Marbourg & Cassel. J'espère dont qu[e]
tirant tous, comme nous faisons sur la mêm[e]
corde, joint à l'intelligence du Sieur Peyr[e]
qui est dans la correspondance avec les mu
nitionnaires de Mr. de Soubise, rien ne man
quera à cet égard dans les deux Armées.

Je vois aussi, avec la même satisfaction qu[e]
vous, M. de Soubise, & moi, avons separé
ment pensé de même pour ne pas songer [à]
suivre l'Ennemi dans le Pays d'Hanovre, &[c]
au contraire se porter sur la Dymel : Je compt[e]
que M. de Soubise ne doit laisser qu'un tier[s]
ou tout au plus moitié de son Armée pou[r]
couvrir Cassel & ses communications, & ave[c]

le

le refte s'approcher de vous, pour vous mettre en état,
fi cela eft poffible, d'obliger Mr. le Prince Ferdinand
d'abandonner l'Ems, & exécuter pour cela, de la part
de Mr. de Soubife, tout ce que vous lui propoferez.

C'eft prefentement à vous, Monfieur le Marechal
à décider fur les mouvemens que vous aurez à en-
treprendre contre Mr. le Prince Ferdinand, en difpo-
fant du Corps de Mr. le Prince de Soubife relativement aux avantages ou aux inconveniens qui peuvent
réfulter de prolonger plus ou moins votre Campagne :
Nous fommes tous de même avis fur la neceffité pre-
ferable à tout de conferver l'Armée du Roy ; pour
cela il faut la mettre le plûtot poffible dans fes quartiers d'hyver ; mais il faut en même temps prendre
toutes les mefures pratiquables pour qu'elle puiffe y
être tranquille ; nous ne fçaurions douter que les Ennemis qui connoiffent notre fituation, ne mettent
tout en œuvre pour nous y troubler. Le Roi de Pruffe
a follicité pour cela le Roi d'Angleterre de la maniere
la plus forte ; Mr. le Prince Ferdinand a des ordres
en confequence ; le feul reméde que nous puiffions
y apporter, eft de lui ôter les moyens & la poffibilité d'executer ce Projet ; & c'eft par cette raifon que
vous m'avez vû defirer fi fortement qu'on pût obliger
Mr. le Prince Ferdinand à repaffer le Wefer, & l'em-
pecher de pouvoir tenir Munfter & Lipftadt pendant
l'hyver, ou tout au moins le forcer à n'y vivre que
par des magafins tirés du Bas Wefer, & manger, foit
par lui, foit par nous, tous les fourages de la rive
gauche de l'Evêché de Paderborn, du haut de l'Ems
& de la Lippe, tandis que Mr. de Soubife confom-
meroit tous ceux de la Dymel, de la Fulde, & de
la Verra, ,, & que pendant ce tems on enleveroit
,, tout ce qu'il pourroit y avoir dans le Comté de la
,, Marck & dans le Comté de Waldeck, pour por-
,, ter, ou fur le Rhin, & dans les quartiers que
,, vous ferez occuper à la rive droite, ou fur la Lohn,
,, afin de rendre tout l'efpace de pays intermédiaire

E 2

,, qu'il

,, qu'il y aura eutre le Wefer & le Rhin, la Lipp
,, & Caffel, & celui de Caffel à Marbourg, at
,, folument défert, & vuide de toutes fubfiftance
Si pour remplir cet objet, vous penfez qu'il faille pr
longer trop long-temps la Campagne, & que le m
qui en réfulteroit pût être trop préjudiciable à no
troupes mal-vétues, dont partie font excedées de fati
gues, avec nombre de convalefcens; je penfe, dis-je
qu'en ce cas, il ne faut pas nous procurer un mal certai
pour en éviter un, qui eft tout au moins douteux. L
Roi vous laiffe donc, Monfieur le Marechal, abfolu
ment le maître de prolonger on d'abréger la durée d
la Campagne, fuivant votre prudence, & que les cir
conftances momentanées vous détermineront, foi
par les mouvemens & la pofition dés Ennemis, foit pa
la faifon plus au moins rigoureufe, par le froid & pa
les pluyes, ,, foit enfin par avoir confommé, detruit
,, ou enlevé la plus grande partie des grains & foura
,, ges du Pays que vous abandonnerez, " & pris tou
tes les autres précautions que votre prudence & votr
prévoyance vous fuggereront; vous vous concertere
fur tout cela avec M. de Soubife à qui j'écris toutes le
mêmes chofes; car, comme je vois très-peu d'apparen
ce que nous puiffions faire la Paix, il faut dès à préfen
nous occuper très-férieufement des moyens les plu
prompts & les plus efficaces de remettre nos troupe
en bon état pour pouvoir entrer en Campagne de bon
ne heure l'année prochaine, & faire la guerre avec vi
gueur: c'eft donc préfentement à vous, Monfieur, à
diriger vos vues, vos marches, & vos opérations, de
concert avec M. de Soubife de la maniere que vous ju
gerez la plus convenable. Vous en fçavez tout au
tant que moi; ainfi on ne peut mieux faire que de
s'en rapporter entierement à ce que vous jugerez
pour le mieux; vous aurez agréable de me faire
part de ce à quoi vous vous déterminerez, le
plus à l'avance que vous le pourrez, afin que je
puiffe de mon coté donner les ordres relatifs, &

accé-

accélerer en ce qui peut dépendre de moi tous les fecours qui vous feront neceffaires.　Je juge à vûe de
pays, & d'après ce que je vois dans vos dernières Lettres, que vous ne croyez pas devoir pouffer plus loin
que le 15. de Novembre, à caufe de la diftance des
quartiers qu'une partie de vos troupes auront à occuper, qui éxigent 15, 20, & 25. jours de marche : Celles de M. de Soubife n'ont à la vérité pas tant de chemin à faire, du moins celles qui doivent border la
Lohn; mais celles qui feront le long du Meyn ou
dans l'Electorat de Treves & de Mayence, auront
plus de chemin à faire, furtout s'il y en a qui doivent
remonter le Meyn audeffus d'Afchaffenbourg; ce qui
dépend des événemens qui arriveront définitivement
en Saxe, & de l'emplacement que prendra l'Armée
de l'Empire, & de la fituation où fe trouvera le Roi
de Pruffe.

Je vous enverrai par le premier Courier mes dernières obfervations fur le plan général que M. deMon-
teynard m'a envoyé de votre part pour l'emplacement des troupes de votre Armée pendant l'hyver,
afin que vous puiffiez y faire vos obfervations défini-
tives, & faire vos arrangemens, & donner vos ordres
en conféquence.

Je vous ai parlé de la propofition que fait M. de
Torcy d'occuper, entre le Rhin, la rive gauche de la
Roer, & les Montagnes du Pays de Bergues en remontant vers Cologne, plufieurs petites villes qui ne laif-
feroient par de contenir dix ou douze Bataillons qui y
feroient très bien, & en état de fe raffembler en 24.
heures. Si, après la vérification plus exacte, que vous
pourriez le charger d'en faire lui-même avec quelques
uns de vos aides Marechaux des logis, vous trouviez
cet établiffement folide & poffible, mon avis feroit
d'y placer toutes les troupes Saxonnes; elles y feroient
toutes comme enfemble, & beaucoup plus commodé-
ment que n'y feroient des François. 1o. Parce qu'ils
parlent la même langue. 2o. Que tout ce Canton de

E 3　　　　　　Bergues

Bergues eſt Luthérien, & que la conformité de reli-
gion préviendra une infinité de difficultés.

30. Que les troupes ſont bonnes, & que le Baron
d'Yhern qui les commande, eſt un très-bon Officier
ſage & intelligent, qui agira dans le plus grand concert, & avec la ſubordination Allemande, ſous les
ordres du Lieutenant - General à qui vous confierez le
Commandement de toute cette partie.

40. ,, Qu'enfin s'il y a des Pertes, de la fatigue, ou
,, des hazards à riſquer, il vaut mieux qu'ils tombent
,, ſur des troupes étrangeres que ſur celles du Roy :
J'ai été bien aiſe de vous faire part de cette idée à l'a-
vance, que je n'aurois dû traiter qu'en vous envoyant
le plan general dont je vous ai parlé.

Je dois encore vous dire tout de ſuite, qu'il y a un
projet formé par Madame la Gouvern̄ante à la Haye
pour forcer la République à faire la guerre contre nous,
qui eſt de faire agir des Anglois & quelques troupes
Hanovriennes encore ſur le Bas Rhin, & d'entrer ſur
le territoire de la République pour nous obliger à en
faire de même. Je ne puis vous expliquer tout cela
que très-imparfaitement ; mais pour que vous deſtiniez
le plus d'infanterie qu'il ſera poſſible dans la partie du
Duché de Cleves & de l'entre deux du Bas Rhin & de
la Baſſe Meuſe ; en voila aſſez pour aujourdhuy ſur
cette matière que je reprendrai d'ici à peu de jours.

Je vois , Monſieur, par un article de votre Lettre,
que vous dites que votre Cavalerie a beſoin d'une
grande quantité de chevaux de remonte, & vous m'y
parlez encore de la foibleſſe de vos Bataillons. Si
cela eſt ainſi, c'eſt une nouvelle preuve de l'infidélité
des revues ; car par l'état que M. le Chevalier de Fu-
mel vient de m'envoyer très detaillé, de la force de votre Cavalerie au 1. Octobre, il ne manque au total
pour le complet que 910. hommes, & 1668. Chevaux ; ce qui ſeroit bien médiocre, ſi l'état eſt juſte.

Je vois de même par l'état de M. de Cornillon,
que vous aviez 59900. hommes effectifs dans l'infanterie,

terie dont 43341. font effectifs fous les armes ; & ce non compris les Saxons ni les Bataillons de Milices : Vous voyez de quelle conféquence il eft de couper court à quelque prix que ce foit, à cette fauffeté & cet abus criminel : Vous y avez vous-même, Monfieur le Marechal, le premier intérêt, pour que le Roy & le Public ne vous croyent pas à la tête d'une Armée de 70000. Combattans, quand vous n'en avez peut-être pas 50. ou 55000 d'effectifs. Je ne fçaurois vous exprimer à quel point je fuis faché de voir que le Roy ne puiffe pas être obéi fur un fait de cette efpéce ; & que vous, qui commandez l'Armée, ne puifliez par fçavoir au vrai, ce que vous y avez ou n'y avez pas.

Puifque nous penfons de même vous & moi, rien ne preffe pour le moment pour les travaux de Ruremonde & de Gueldres. Je compte que vous aurez donné vos ordres pour travailler fans délai, & avec toute la vigueur poffible, à Wefel, à Duffeldorp, & furtout à Duytz, par les raifons que je vous ai mandées, indépendamment de Duysbourg & de Keyferfwerth.

Comme le Roy fait aujourdhuy chanter le Te Deum à Verfailles, fon intention eft que vous le faffiez auffi chanter à votre Armée, en faifant faire la rejouiffance par toute votre Armée en la manière accoûtumée.

J'ai l'honneur d'être avec le plus fincere & le plus inviolable attachement, Monfieur le Maréchal, votre très humble & très obéiffant ferviteur,

A Verfailles, le 18. Octobre 1758.

Le Mar. DUC DE BELLEISLE.

* *

LETTRE TREIZIEME.

Je repons, Monfieur, à la Lettre dont vous m'avez honoré de Ham du 17, par la quelle je vois que

M. le Prince Ferdinand étoit à Warendorff & Reda paroiſſant faire des mouvemens par ſa gauche. Le Roy a lu avec plaiſir l'expedition de M. de Poyanne, & la jolie action de M. de Groin ; je ſuis bien aiſe auſſi que vous ſoyez content du ſieur Dorigny que je connois perſonnellement.

„ Vous avez très-bien fait de faire une correction „ des habitans de Weſel, en les puniſſant à la fois par „ la bourſe, & les premiers Magiſtrats par la Priſon.“

Je vois que votre communication eſt rétablie avec Weſel par Dorſten, Recklinghauſen & Luynen.

Je ſuis bien faché, 1o. du mal entendu qu'il y a eu pour la marche de Meſſ. de Chevert & de Fitzjames. 2o. Qu'ils ne ſoient pas partis dès le 12. de Caſſel au lieu du 14 : Car deux jours de plus ou de moins ſont quelque fois déciſifs. Je ne ſerai content que quand je ſçaurai que tout vous a joint, & que vous êtes en état d'exécuter ce que vous avez projetté.

Le Roy a été fort édifié de la bonne volonté de M. le Prince de Condé.

Je vois, Monſieur le Marechal, que vous aviez fait dire au munitionnaire de la viande de s'arranger pour en fournir aux troupes juſqu'au commencement du mois de Decembre. Vous pouvez l'avertir auſſi que ſur les repréſentations que j'ai faites à ſa Majeſté, elle a bien voulu que l'on donnera pendant l'hyver un quarteron de viande à toutes ſes troupes avec une once de riz, ce qui joint à l'augmentation de la ration de pain, doit abondamment nourrir le Soldat & le Cavalier. Vous voudrez bien faire obſerver aux troupes que c'eſt une grace ſans exemple, puis qu'il faut que cette dépenſe ſoit priſe dans les coffres du Roy, & que les traitemens qui ſe font aux troupes en pays étranger ont toujours été pris ſur le produit des contributions ; mais j'ai cru qu'il valoit mieux que cet argent extraordinaire fût employé pour mieux nourrir les Soldats, que pour les ſoigner dans les Hô-pitaux.

C'eſt

C'est bien fait de faire transporter à Mayence toute l'Artillerie pêchée à Dusseldorp qui n'est pas en état de servir.

„ Je vois avec peine que la résistance de la Regen-
„ ce de Dusseldorp continue, & augmente même.
„ Je sens bien qu'il ne convient point de faire d'exé-
„ cution militaire dans les Pays & sur les sujets d'un
„ Prince ami & allié du Roy; mais il faut pourtant
„ que l'Armée ne manque point; & en faisant bien
„ des complimens, il n'y a qu'à aller son train, &
„ prendre tout ce qui nous sera nécessaire. "

Je vois, Monsieur, que lorsque vous avez annon-
cé à l'Armée que le service du Roy pourroit exiger qu'elle restât en Campagne tout le mois de Novembre, cette proposition y a été reçue avec le respect convenable; mais que vous n'avez pas persuadé les Capitaines d'Infanterie & de Cavalerie sur la crainte de perdre des hommes & des Chevaux. Je vous ai mandé depuis par ma Lettre du 18. que tout étoit soumis à votre prudence, & que le Roy vous laissoit absolument le maître prolonger ou d'abréger la durée de votre Campagne, suivant que vous le jugeriez le plus convenable.

Je joins ici les deux Lettres de service pour Mess. les Chevaliers de St. Simon & de Lents.

J'ai l'honneur d'être, &c.

A Versailles, le 23. Octobre 1758.

Le Mar. DUC DE BELLEISLE.

LETTRE QUATORZIEME.

Je vous envoye enfin ici-joint, Monsieur le Marechal, le dernier plan pour la disposition des troupes de votre Armée pendant l'hyver, avec les observations que j'y ai faites d'après les différens éclaircissemens que j'ai pû avoir: Vous y verrez

que j'inclinerois pour augmenter, s'il eſt poſſible
votre Infanterie pour la garde de votre gauche ſur
le Bas Rhin au - deſſus de Weſel, comme la partie la plus dangereuſe, &, par ce moyen, diminuer
autant que vous le pourrez votre cavalerie: Car plus
j'approfondis tout ce qui concerne les fourages, &
plus mon inquiétude augmente de ne pouvoir pas
parvenir à en trouver une quantité ſuffiſante pour
nourrir les chevaux de votre Armée dans les quartiers indiſpenſables à occuper le long du Rhin à la
rive gauche, & entre le Rhin & la Meuſe: Car,
pour ce qui concerne la rive droite du Rhin, je ſuis
perſuadé, qu'excepté Weſel où il vous faut former
néceſſairement un gros magazin, tout le reſte aura
dequoi vivre, ſur-tout ſi, comme e l'eſpere, vous
approuvez ma propoſition de placer toutes les troupes Saxones derriere la Roer, dans le Duché de Bergues avec nos troupes légères; ils conſommeront
très - peu de fourages, & en feront venir beaucoup
dans les magazins de Duſſeldorp.

   „ Le Duché de Bergues n'a point du tout été
„ fouragé; il n'y a point eu de troupes de toute la
„ Campagne. Il doit être plein, & quand on ſera
„ ſur les lieux, & que l'on verra par ſoi-même tout
„ ce qu'il y a dans les maiſons, granges des villes
„ & villages, on ne pourra plus nous en impoſer.
„ Il y a quantité de voitures dans le Pays pour voi-
„ turer le tout à Duſſeldorp. On ſera tout contre
„ le comté de la Marck, d'où l'on pourra encore
„ tirer tout ce qui y ſera reſté, par force & par la
„ voie des exécutions militaires; ainſi j'eſpere beau-
„ coup de cette reſſource; " les troupes Saxonnes y
feront très - bien par toutes les raiſons que j'expli-
que dans mon mémoire ici - joint, & je crois que
vous ſerez très content du Baron d'Yhern.

   „ Je prévois bien que la Cour Palatine trouvera
„ peut - être fort mauvais que l'on place les Saxons
„ dans le Duché de Bergues: Car il y a un fond
„ de jalouſie entres les deux cours. "   „ En

„ En général, le Ministère Palatin est très-mal
„ intentionné; & si on déféroit à leurs réprésenta-
„ tions, nous ne mettrions personne ni dans le Du-
„ ché de Bergues, ni dans le Duché de Juliers. M.
„ Gayot vous a sans doute communiqué la réponse
„ négative de cette Regence & de Mr. le Comte de
„ Schaesberg; mais étant forcé de recevoir des trou-
„ pes, il préféreroit sans douté que ce fût les trou-
„ pes Palatines que l'on mît dans le Duché de Ber-
„ gues & dans Dusseldorp, ou tout au-moins des
„ troupes Françoises: C'est un débat dans lequel
„ vous ne devez point du tout entrer; & si lorsqu'il
„ en sera question, l'on vous fait sur cela des repré-
„ sentations ou des plaintes, vous n'aurez qu'à
„ renvoyer ces Messieurs à porter leurs remonstran-
„ ce à la Cour, & aller toujours votre train : " Il faut
seulement que vous donniez les ordres les plus se-
vères pour que l'on observe la plus exacte discipli-
ne, & qu'il ne soit absolument pas exigé un obole
par qui que ce soit, & sous quelque prétexte que
ce puisse être. „ Vous penserez sûrement comme
„ moi, Monsieur le Marechal, que si nous mettions
„ les troupes Palatines où je destine les Saxons, 1º.
„ Nous ne pourions pas compter sur la même ex-
„ actitude & activité pour la reconnoissance des
„ fourages, & pour la fourniture des voitures, &
„ la formation du magasin de Dusseldorp : Les trou-
„ pes Palatines & ceux qui les commandent auroient
„ toutes sortes de prétextes pour ne point obéir &
„ cacher la vérité. 2º. Je ne leur crois point d'offi-
„ cier principal sur lequel on puisse compter comme
„ sur le Baron d'Yhern. 3º. Je crois les Saxons plus
„ nerveux, s'il faut faire quelque coup de main. 4o.
„ Ils sont d'un tiers plus nombreux. Vous aurez à
„ repondre aux premieres représentations que l'on
„ a placé, avec attention les 8 Bataillons Palatins
„ dans le Duché de Juliers, qui est également leur
„ Pays, & où ils seront beaucoup plus en repos,
„ &

,, & il faut leur faire valoir cette marque d'attention ;
,, & enfin l'on peut ajouter que les Saxons doivent
,, être regardés comme le regiment d'Alface, puis-
,, qu'ils font entierement à la folde du Roi, lui ont
,, prêté ferment, & n'ont pour le moment préfent
,, d'autre maître que le Roy : " Vous ferez valoir
auffi à Mr. le Comte de Luface en particulier, l'attention que j'ai eu de placer fes troupes dans d'auffi
bons quartiers & auffi-près, n'ayant point de route
à faire, & à portée de toutes leurs réparations à
Cologne & à Duffeldorp, & de l'Allemagne pour
faire des recrues. Je crois que vous ne pouvez mieux
faire que de charger Mr. de Torcy de placer, conjointement avec Mr. le Baron d'Yhern, les troupes
Saxonnes dans les quartiers qu'i la propofés ; & peut-
être feroit-il encore mieux que vous mandiez à Torcy,
d'aller lui-même dès à préfent faire une tournée ge-
nerale de tous les quartiers, en lui mandant la quantité de Battaillons que vous voulez y placer, & de
troupes légères ; donnez-lui pour l'aider quelqu'un
de vos meilleurs aides-Marechaux des logis. Je vous
repons qu'ils s'acquittera très-bien de cette Com-
miffion ; c'eft fon principal talent ; j'en ai fait ufage
avec grand fuccès pendant les deux années 1734 &
1735 ; & comme il eft à Cologne, il pourra avoir
l'œil à tout ce qui fe paffera dans cette partie pendant l'hyver, & fera fort exact à vous rendre jour-
nellement compte de tout, entretiendra une exacte
correfpondance avec le Baron d'Yhern qui fera à fes
ordres, ce qui n'empêche pas, fi vous le jugez à
propos, de mettre un lieutenant general plus ancien
à Duffeldorp, qui commanderoit le tout : Car Mr.
de Bergeyck n'eft pas affez fort pour être en Chef ;
d'ailleurs le Baron d'Yhern qui eft lieutenant general,
ne pourroit pas être à fes ordres : Torcy fera fubor-
donné fans aucune peine à l'ancien que vous mettrez
au-deffus de lui ; mais il s'acquittera mieux que qui
que ce foit de tous les détails, & pourvoira avec

plus

plus d'intelligence & d'ordre à approvifionner vos places & vos magafins, & à mettre en fureté les Poftes qui en ont befoin ; & vous ferez toujours le maitre, fi les Ennemis venoient, & qu'il fallût faire la Guerre, d'y envoyer celui des anciens Lieutenans generaux, en qui vous auriez le plus de confiance ; cela feroit nécefaire dans ce cas-la. Je penfe toujours tout haut avec vous Monfieur le Marechal ; je vous dis naturellement ce que je ferois : Vous comptez bien fans-doute placer Mr. de St. Germain dans quelqu'un des endroits à portée où il pourroit y avoir à faire.

Malgré les inconvéniens des glaces qui n'arrivent pas toujours, je crois qu'il eft bon d'avoir un pont exiftant à Cologne, & un à Duffeldorp.

Il vous faut encore quelqu'un d'actif & d'intelligent à Neuwiedt pour tous les quartiers que vous tiendrez à la rive droite en remontant jufques vers Coblentz : Car je penfe que l'on peut & que l'on doit tirer encore bien des fourages de toute cette partie, en faifant des requifitions à tous les Princes & Seigneurs dont les petits Etats font voifins, jufqu'à l'Electorat de Treves. Je regarde l'article de vos fubfiftances comme le plus effentiel de tous, après la fûreté de vos quartiers ; car je vois que par la difette de batteaux, les trois millions de rations de foin que je vous fais paffer de la Lorraine, de l'Alface, & des Evechés par la Mofelle & le Rhin, ne vous parviendront pas, quelque activité que l'on y mette, en entier, peut-être d'ici au mois de Mars ou d'Avril : C'eft pourquoi il faut mettre tout en œuvre pour fe procurer les fuplemens de tous les endroits que je vous indique, pour pouvoir attendre l'arrivée de ceux de France, & je fuis perfuadé qu'en y mettant toute l'attention néceffaire, vous en viendrez fûrement à bout.

„ Je me fuis occupé en même temps de diminuer „ la confommation de votre Cavalerie ; & pour cet
„ effet

„ effet vous verrez par l'état ci-joint que je vous
„ place tout d'un coup 24 ou 26 Escadrons dans le
„ Pays de Liege. L'on m'assure avec certitude qu'il
„ y a de quoi les bien mettre à couvert, & les
„ nourrir pendant six mois; ce sera encore mon af-
„ faire de me débattre avec la Regence & les Etats
„ du Pays pour les payemens, & de toutes les au-
„ tres plaintes & remontrances qui pourront être
„ formées à ce sujet, de même que pour la Garni-
„ son de 3 ou 4 Battaillons que vous mettrez dans
„ la ville: " C'est encore-là où il vous faut un
Lieutenant General qui ait toutes les qualités requi-
ses, avec quelques Marechaux de Camp assortissans.
Je vous ai déja dit nettement que Mr. de Lauragais
ne sera point employé l'hyver; vous choisirez donc
dans les 7 ou 8 que vous avez proposés celui que
vous jugerez le plus convenable. Je crois que Dandelot y seroit fort propre; & comme je crois que
les Carabiniers ne peuvent pas être mieux que du
coté de Tongres, de St. Tron, &c. parcequ'ils seront à portée des remontes & des recrues que je
vais leur faire passer incessamment, le Roy leur donne
400 chevaux qui seront livrés à Valenciennes le 15
Novembre, & qu'ils pourront recevoir dans le Pays
de Liege dans le courant de Decembre, ainsi que
toutes les recrues que je leur envoye de tous les Regimens de Cavalerie qui sont dans le Royaume:
Pourquoi est-ce que Mr. de Poyanne ne reste pas
l'hyver? Je vous le repete, Monsieur le Marechal,
je ne m'accoutume point à voir que l'on veuille des
graces, des grades, des récompenses, & des agré-
mens, & que l'on ne soit pas prêt à tout faire. Mr.
de Poyanne est assez bien traité du Roy pour se li-
vrer au service pendant toute la Guerre; si vous
pensez comme moi, pourquoi ne l'employeriez vous
point sur votre état pour demeurer l'hyver? Et en ce
cas, vous le chargeriez du commandement de tout ce
qui sera dans le Pays de Liege, & à droite & à gauche de la Meuse, en descendant jusqu'à Ruremonde.

Par

Par un état que Mr. de Soubife m'a envoyé pour l'emplacement de fes troupes pendant l'hyver, je vois qu'il lui faut au moins 46 Efcadrons pour la fureté des quartiers qu'il faut qu'il occupe, dont la droite eft un pays fort ouvert & en même temps abondant en fourages : Il n'a au total que 32 Efcadrons ; il faut neceffairement faire revenir la Gendarmerie dans la Baffe Alface. Il ne lui reftera donc que 24 Efcadrons, & il lui en manque par conféquent au moins 22. J'ai trouvé qu'il y avoit un double avantage de les lui donner, & même 24 de votre Armée ; 1o. Parceque vous n'avez pas la poffibilité de les nourrir. 2o. Vous n'en avez pas befoin pour les mouvemens de Guerre qu'il pourroit y avoir à faire pendant l'hyver, à quoi il n'y a pas d'apparence ; & vous en auriez affez du refte. 3o. Ces 22 ou 24 Efcadrons que vous lui prêterez pour l'hyver, feront la fureté de fes quartiers, & les deux Armées font caufe commune fur cet article. 4o. ,, Ils feront bien nourris & nous ne donne- ,, rons pas beaucoup d'argent. " 5o. Dans le petit voyage que vous viendrez faire ici cet hyver, où il fera queftion de former le plan de votre Compagne prochaine , nous trouverons peut-être que ce fera par cette partie droite qu'il faudra faire les plus grands efforts, auquel cas ce fera vous, Monfieur le Maréchal, qui en ferez chargé : Mais pour me renfermer dans le moment actuel ; j'ai mandé hier à Mr. de Soubife que nous pourrions lui fournir 22 ou 24 Efcadrons de votre Armée ; que j'allois vous en prévenir , & que dans ce cas, il falloit que vous vous concertiez tous deux enfemble fur le nombre & fur le choix des Regimens, afin que, lors de la féparation de votre Armée, vous lui faffiez paffer le nombre d'Efcadrons dont vous ferez convenus par la route la plus courte, la plus commode relativement aux circonftances ; ce qui évitera des marches & contre-marches très onéreufes , fur-tout dans

cette

cette faifon. „ J'imagine que cette Cavalerie pour-
„ roit paffer à travers le Comté de Waldeck que l'on
„ mangeroit d'autant. “ Voilà, Monfieur le Marechal , ce que j'ai cru devoir faire pour le bien
commun, vous laiffant cependant le maître de refti-
fier fur tout cela ce que les circonftances momentanées, que je ne puis voir de Verfailles, vous por-
teroient à changer : Concertez - vous fur tout cela
avec Mr. de Soubife ; & vous me ferez part l'un &
l'autre de ce dont vous ferez convenus pour le mieux.
Vous aurez agréable auffi, Monfieur le Marechal,
de communiquer à Mr. Gayot tout ce qui peut le
concerner dans cette Lettre : Car comme il faut que
ce foit moi - même qui dicte tout ce que je vous envoye, & de même à Mr. de Soubife, je n'ai pas,
je vous affure, un moment de libre.

J'efpère qu'au moyen de ce déblay de partie de
votre Cavalerie du coté de la Lohn & du Meyn,
& des 24 ou 26 Efcadrons dans le pays de Liege,
& d'occuper la rive droite du Rhin en force d'Infanterie, par les groffes garnifons de Cologne , de
Duffeldorp, les Saxons, &c. que nous viendrons
à bout de vivre en fourages jufqu'au printemps.

Votre garnifon de Wefel de 15 Bataillons & 6
Efcadrons forme une tête refpectable, & c'eft - là
le magafin le plus difficile, mais en même temps
le plus neceffaire & le plus preffé à former. C'eft
à Mr. Gayot, fous vos ordres, à y employer toute fon
activité : Je voudrois pouvoir y faire mieux ; je vous
affure que je ne m'y épargne pas & que j'en fuis
bien occupé.

J'ai l'honneur d'être, &c.

A Verfailles le 24. Octobre 1758.

Le Mar. DUC DE BELLEISLE.

P. S. Pour ne pas retarder le Courier, je n'écrirai
à Mr. Gayot que ce foir, en repondant à votre
Lettre du 19, que je reçois dans le moment.

MEMOIRES
POLITIQUES & MILITAIRES
POUR SERVIR à
L'HISTOIRE
DE NOTRE TEMS.

No. VI.

SUITE DES LETTRES DE Mʀ. LE MARᴸ. DUC DE BELLEISLE, à Mʀ. LE MARᴸ. DE CONTADES.

LETTRE QUINZIEME.

Ce que j'avois craint en premier lieu, Mr. le Maréchal, nous arrive: C'est du Duché de Limbourg que je veux vous parler. Vous trouverez dans deux des états que je vous ai envoyés, que je ne proposois pour le Duché de Limbourg que de l'Infanterie,

» & j'aurois préféré de mettre jusqu'à 28.
» Escadrons dans le Pays de Liége. Ils y
» auroient été également logés & nourris;
» & je pense que ce sera encore bien-fait
» de ne point mettre d'Infanterie à Liége,
» & d'y mettre quatre Escadrons de plus.
» Je prévois bien que les Etats de Liége
» crieront & se plaindront; mais il sera plus

F   » faci-

,, facile de les appaiſer que Mr. de Co-
,, bentzel qui eſt un homme hériſſé de dif-
,, ficultés & de vanité ; & je crois qu'il ne
,, faut pas pour un objet de ſi peu de con-
,, ſéquence avoir une tracaſſerie ſérieuſe avec
,, la Cour de Vienne. Voyez-donc, je vous
,, prie, Monſieur le Maréchal, s'il en eſt en-
,, core temps, à faire marcher les Régimens
,, d'Orleans & de Chartre dans les faux-
,, bourgs de Liege, & d'envoyer le Régi-
,, ment d'Infanterie d'Orleans à Limbourg;
,, ce ſera ſix ou ſept cens rations de foura-
,, ge par jour qu'il en coûtera de plus au
,, Pays de Liége ; je vais écrire ſur cela à
,, M. Durand d'Aubigny. Il faudra avoir
,, attention que les Régimens qui ſeront en
,, quartiers dans les fauxbourg de Liége à la
,, droite & à la gauche de la Meuſe, ayent
,, à chacune des deux portes de la ville de
,, Liege une garde à pied commandée par
,, un Officier: Car je ſuis convenu d'une part
,, avec M. Durand d'Aubigny, & de l'autre
,, avec M. le Baron van Eyck, Miniſtre de
,, M. le Cardinal de Baviere, que ſi nous
,, n'avions pas une garniſon dans la ville,
,, nous reſterions toujours maîtres des por-
,, tes pour la libre communication des trou-
,, pes du Roy, ſans dépendre de qui que ce
,, ſoit. Je vous obſerve qu'il faut éviter
,, que l'on ſçache à Liége que les quatre Eſ-

,, ca-

„ cadrons y viennent par le refus des Offi-
„ ciers-généraux Autrichiens: Cela feroit une
„ jaloufie & un volume d'écritures & de
„ plaintes qu'il faut éviter; je vais écrire en
„ conformité à M. de Leffeps, à Bruxelles &
„ à M. de Starhemberg à Paris. Je me re-
„ proche bien fort, lorfque vous m'avez en-
„ voyé le dernier état des quartiers, & que
„ j'ai vû les 4. Efcadrons dans le Pays de
„ Limbourg, au lieu des Bataillons que j'y
„ avois propofés, de ne vous en avoir pas
„ fait l'obfervation en perfiftant. J'avois ef-
„ péré qu'on feroit plus raifonnable à Bru-
„ xelles: ceci me fervira de leçon pour l'a-
„ venir. "

J'ai l'honneur d'Etre, &c.

A Verfailles, le 19. Novembre
1 7 5 8.

Le Mar. Duc de Belleisle.

LETTRE SEIZIEME.

J'ai reçu, Monfieur le Maréchal, la Lettre
dont vous m'avez honoré du 23. par
laquelle je vois que vous étiez dans le
cours de votre tournée.

Vous

Vous attendiez la réponse du parti qu'auroit pris la Regence de Liége sur l'augmentation des 4. Escadrons ; vous aurez reçu depuis, deux de mes Lettres contradictoires sur cette Affaire. J'espere que vous aurez pris le parti pour mettre tout le monde d'accord de nous renvoyer le Régiment de Chartre, & celui, de ceux qui sont dans le Pays, qui est en plus mauvais état : je vous en envoyerai deux complets à la place, ou ceux-là même, si vous l'aimez mieux, au cas qu'ils soient rétablis à tems.

Je compte que les deux Bataillons d'Enghein seront entrés dans Coblence. J'ai coulé à fond la matière sur Royal Lorraine & Royal Barrois ; par ce que vous m'en dites, vous ne me faites pas un grand présent, & vous n'y aurez pas grand regret, ayant les Bataillons de Rouergue à leur place.

,, Je veux espérer que la Château de Rhin-,, fels ne se défendra pas, quand on décla-,, rera au Landgrave, que s'il nous donne ,, la peine de l'assiéger en forme, on le fera ,, sauter, & on le rasera de fond en com-,, ble ; au-lieu que s'il veut bien nous le ,, remettre, le Roy le lui rendra au même état ,, à la paix. ``

Vous ferez usage quand vous le jugerez convenable, du pont que je compte vous envoyer à Coblence dans le mois prochain,

pour

pour remplacer celui que vous avez cedé à M. de Soubife. J'en fais encore préparer un autre à Metz, & un autre à Strasbourg. Il est toujours bon d'avoir des reſſources de cette eſpéce toutes prêtes.

Les Volontaires de Clermont font en marche, & arriveront à Duſſeldorff au jour marqué; il manquoit encore des chevaux aux Volontaires Liégois de Hallé, en forte qu'ils partiront 15. jours plus tard. Je vais faire travailler fans relâche pour procurer à la Légion Royale, & à toutes les troupes légères, les ſecours qui leur font neceſſaires pour ſe completer. M. de Chabo me paroît avoir pris ſon parti de meilleure grace que M. de Turpin; mais je ſuis perſuadé, que M. de St. Germain les placera de façon à n'être pas expoſés à quelque mauvaiſe avanture, & que tout cela entrera en bon état en Campagne au printems prochain.

J'ai l'honneur d'Etre, &c.

A Verſailles, le 30. Novembre
1 7 5 8.

Le Mar. Duc de Belleisle.

LETTRE DIXSEPTIEME.

Je répons, Monsieur le Maréchal, à la Lettre dont vous m'avez honoré de Mœurs du 1ᵉ. de ce mois, où vous me faites le détail de votre promenade à Roeroth & Duysbourg & des mesures que vous avez prises pour la sûreté des postes que vous y avez établis. Sans doute que vous connoissez mieux que moi, M. de la Chessélas, Brigadier, Lieutenant Colonel du Régiment de Jenner, à qui vous avez confié le commandement de Duysbourg. „ Vous avez très - bien fait de prendre le „ ton le plus ferme, pour faire donner à „ nos troupes, toutes les fournitures qui leur „ sont nécessaires ; c'est un ton qui est né- „ cessaire avec les Allemands ; & vous vous „ trouverez très-bien d'en user avec les Ré- „ gences des Electeurs de Cologne, & en- „ core plus avec celles du Palatin. "

J'ai l'honneur d'être, &c.

A Versailles, le 7. Decembre
1 7 5 8.

Le Mar. Duc de Belleisle.

LET-

LETTRE DIXHUITIEME.

Je viens de recevoir, Monfieur le Maréchal, les deux Lettres dont vous m'avez honoré de Duffeldorp du 3, où je vois la continuation des mefures que vous avez prifes pour la fûreté des troupes que vous avez établies à Keyferwert, & autres à la rive droite du Rhin : Comme vous n'irez pas vous-même vifiter les quartiers qu'occupent nos troupes légeres, & ferez très-bien, je ne doute pas que vous n'ayez chargé M. de St. Germain de s'y promener lui-même; car je vois que Meff. de Chabo & de Turpin uniformément me mandent que leurs quartiers ne font point du tout en fûreté; & que par la nature du Pays, ils peuvent être enlevés & coupés, fans qu'il puiffent l'empêcher ni même le prévenir. M. de St. Germain eft bien capable d'en décider : Il feroit fâcheux qu'il nous arrivât quelque accident de cette efpéce, tandis que je fuis fort occupé des moyens de réparer & compléter ces troupes, dont nous aurons grand befoin pour la Campagne prochaine.

„ Je fuis ravi que vous ayez ëu la con
„ verfation dont vous voulez bien me faire
„ le détail avec Meff. de la Régence de Duf
„ feldorp, & que ce foit M. le Comte de

F 4   „ Schais-

„ Schaisberg, qui ait été le premier à vous
„ le demander. Vous avez parfaitement bien
„ fait, & je vous ai mandé dans ma Lettre
„ d'hier, de leur parler très-ferme, parce que
„ cela s'accorde parfaitement avec tous les
„ termes d'égards & de respect dûs à l'Elec-
„ teur Palatin ; mais comme nécessité n'a
„ point de loi, il a été très-bon de leur
„ dire que vous feriez prendre ce qu'ils ne
„ fourniroient pas de bonne grace ; & il faut
„ réellement l'effectuer, & les obliger sur
„ tout à tirer des fourages du Haut Duché
„ de Bergues où il doit y en avoir sûre-
„ ment beaucoup. Il faut qu'ils comman-
„ dent toutes les voitures du Pays pour faire
„ deux ou trois grand convois, que nos
„ troupes légères & Grenadiers escorteront.
„ M. Groitz sçait fort-bien les moyens de
„ remplir cet objet quand il le voudra, &
„ il faut qu'il le veuille ; car il est certain,
„ que quand cela sera, le seul Pays de Ber-
„ gues peut nous fournir dans Dusseldorp
„ plus de 400, 000. rations, indépendem-
„ ment de ce que nos troupes légères peu-
„ vent encore tirer du comté de la Marck
„ des parties à la droite, que vous n'avez
„ pas pû ni consommer ni enlever. “

C'est bien mon intention de vous envoyer toutes les recrues de votre Armée dans
la fin de Janvier. J'enverrai des Inspecteurs

en

en faire les revûes ; on les fera bien armer; & je ne ferai demeurer que ce qui fera trop jeune, comme j'ai fait au commencement de cette Campagne : On leur a fait faire l'exercice; on en ufe actuellement de même pour toutes les recrues qui ont été faites depuis le mois de Septembre.

Vous me faites un fenfible plaifir en me difant tout le bien que je vois dans votre lettre fur les entrepreneurs de hôpitaux. Je ferai lire cet article de votre Lettre à M. le Controlleur Général, qui leur doit plus de 1,500,000. Livres, à quoi ils ne peuvent plus fuffire.

J'ai l'honneur d'Etre, &c.

A Verfailles, le 8. Decembre
1 7 5 8.

Le Mar. Duc DE BELLEISLE.

LET-

LETTRE DIXNEUVIEME.

J'ai reçû, Monsieur le Maréchal, les deu[x] Lettres dont vous m'avez honoré du de Dusseldorff, & du 5. de Cologne. J[e] vois par la premiere que vous étiez fort con tent de toutes les précautions que prenoi[t] Mr. de St. Germain, pour accommoder Dus feldorff, & que vous faites faire un état d[e] toutes les munitions de guerre & Artillerie qui sont dans cette Place, ou qui peuven[t] encore y être necessaires; & un autre des aprovisionemens pour les subsistances; Dès que vous me les aurez envoyés, avec votre avis, je verrai à donner les ordres nécessaires, pour y faire remettre tout ce que vous. y demanderez.

C'est quelque chose que Mr. Gayot soit content de la seconde conversation qu'il a eu avec Mr. Grete, cela nous prouve la possibilité d'avoir les subsistances, & que les fourages sont certainement dans le pays. Je ne vois que trop que la Cour Palatine n'est pas trop-bien intentionnée ; mais, au bout du compte, il faut que l'armée du Roi vive, & en y mettant toutes les façons convenables & comme nous sommes les plus forts, il en faut faire usage, & tirer du pays de Bergues, dequoi faire vivre la garnison de

Dussel-

Duffeldorff, indépendemment des Troupes légeres, & conferver tout ce que l'on pourra y
affembler, venant d'Alface & des Evêchés,
pour les cas de néceffité, où il faudroit affembler un Corps plus ou moins confidéra-
ble, ce qui poura très-bien arriver avant
qu'il foit 6 femaines ou deux mois ; c'eft ce
que je traiterai, avec vous, plus amplement,
avant qu'il foit peu. Ce n'eft point de la
part des Hollandois, que je crains, mais bien
de la part des Pruffiens, qui font en Saxe &
en Thuringe, combinés avec une partie de
l'armée de M. le Prince Ferdinand ; & fi
Mr. de Soubife eft attaqué, avec des forces
fupérieures, il faudra néceffairement qu'une
grande partie de vos Troupes remue.

Par votre Lettre du 5, je vois que vous
ne jugez pas à-propos de fortifier Mulheim
ni Duytz ; dès que vous connoiffez la néceffité de ce dernier pofte, pour la fûreté du
pont & des moulins, cela me fuffit, parce
que fûrement vous prendrez toutes les mefures néceffaires pour les couvrir. Je fuis fâ-
ché de la maladie de Mr. de Torcy, la nouvelle, qu'il aura apris, de la mort de fa Fil-
le, qu'il aimoit paffionnément, achevera de
l'affommer.

La nouvelle du maître de pofte allemand,
fur la prife de Rhinfels, eft très-vraie ; vous
n'aurez pas tardé d'en avoir la confirmation

par

par Mr. de Casteries ; il y a longtems que j'avois ce poste important sur l'estomac ; jé le connois bien , car j'ai voulu en faire le siége dans la guerre de 1733. S'il y avoit eu un homme dedans , nous ne l'aurions peut-être pas pris en un mois de tranchée ouverte. J'ai voulu attendre le mouvement des Troupes pour nos quartiers , pour laisser le Commandant & son Souverain dans la confiance , & en profiter pour les surprendre , ce qui étoit extrêmement difficile. Cette expédition fait beaucoup d'honneur à Mr. de Carvies , surtout de ce qu'il n'y a pas eu un seul homme de tué ni de blessé. Il y a bien des gens qui en jugeront différemment, car en général & sur tout en ce pays-ci, on veut des pots cassés.

J'ai l'honneur d'Etre, &c.

A Versailles le 10 Decembre
1758.

Le Mar. Duc de Belleisle.

EX-

EXTRAITS
DE QUELQUES
LETTRES
DU
MARECHAL DE CONTADES
AU
MAR. DUC DE BELLEISLE,
En 1758,

Du 24 Septembre.

MR. de Bergeick me mande de Dusseldorp, que la Régence de cette Ville n'obéit à rien de ce qu'il lui demande, & nommément sur les fourages que Mr. l'Intendant a demandé au pays de Bergh, pour former un magazin à Dussel-dorp. Si vous n'avez pas la bonté de me permettre d'autoriser Mr. de Bergeick à user de force sur cela, il entrera peu de foin de ce pays dans Dusseldorp.

Du

****

Du 17 Octobre.

Mr. de Schaisberg & la Régence de Duſſeldorp ſont d'une lenteur inſuportable
à fournir ce que l'on leur demande: Ils pro-
mettent tout, ne finiſſent rien, & ont beaucoup de mauvaiſe volonté. J'écris des poli-
teſſes, d'autres fois je menace, & rien ne
réuſſit; & en même temps il me paroît di-
ficile de ſe ſervir de la voye d'éxécution militaire, qui ſeroit cependant la ſeule.

Du 19 Novembre à Bockum.

J'ai reçu hier une Lettre de Mr. le Chevalier d'Aigremont, qui me mande que
l'Electeur de Treves refuſe de laiſſer entrer
dans la Citadelle de Coblentz, & même dans
la Ville, les trois Bataillons qui y ſont de-
ſtinés, & qui ſont en marche pour s'y rendre, & que l'Electeur vous a envoyé un courier ſur cela. S'il perſiſtoit dans ce Refus,
je ſerois embarraſſé de placer les trois Bataillons. Je vous envoye la copie de la Lettre que j'ai écrit hier à Mr. le Chevalier
d'Aigremont, & celle que j'écris à Mr. de
Cobenſel, qui refuſe de recevoir dans le Pays
de Limbourg les 4 eſcadrons qui y ſont de-
ſtinés, & dont je ſerai très-embarraſſé, ſi je
ſuis

fuis obligé de changer leur deſtination, ne pouvant les placer que dans les Pays des Princes alliés du Roi, ou dans des Pays neutres, auxquels je ſerai obligé de faire faire de nouvelles requiſitions; & ces Princes trouveront extraordinaire, avec raiſon, que je leur propoſe une nouvelle charge, parceque les Etats de l'Impératrice s'y refuſent. Il ſera cependant indiſpenſable de mettre ces 4 Eſcadrons dans le Pays de Liége, ſi Mr. de Staremberg perſiſte à ne vouloir pas qu'ils ſoient reçus dans le Pays de Limbourg.

Commé vous avez eu la bonté d'approuver le dernier Plan de quartiers que j'ai eu l'honneur de vous envoyer, dans lequel le Pays de Limbourg eſt compris pour quatre Eſcadrons, & la Ville & Citadelle de Coblentz pour trois Bataillons, je n'imaginois pas que cela ſouffrit des difficultés, & j'eſpere encore que vous pourrez les lever.

A Cleves le 23 Novembre.

J'ai reçu cette nuit les deux dépêches que vous m'avez fait l'honneur de m'écrire le 19. J'y vois que Mr. de Cobenzel, autoriſé par Mr. de Starhemberg, ne veut pas avoir de Cavalerie dans le Pays de Limbourg. Je ne m'étois pas flatté que la Lettre que

j'avois

j'avois écrite à M. de Cobenzel le fit changer d'avis fur cela. J'ai chargé Mr. de Gayot de faire une nouvelle requifition au Pays de Liége, pour y recevoir quatre Efcadrons de plus. Je ne crois pas que la Régence de Liége ait encore repondu fur cela à Mr. Gayot.

A Goek le 26 Novembre.

La Regence de Liége a repondu à la nouvelle réquifition de Mr. Gayot pour les 4 Efcadrons, qu'il ne lui étoit pas poffible de les recevoir dans fon pays. Comme je fuis perfuadé qu'elle ne perfiftera pas dans cette façon de penfer ; que d'ailleurs vous auriez des réprefentations encore plus fortes & plus embarraffantes, fi je mettois ces 4 Efcadrons dans les pays dépendant de l'Electeur Palatin ou de l'Electeur de Cologne, je me fuis determiné à les faire marcher à Liége, en prévenant Mr. Dandelot & Mr. d'Aubigny, afin que par la perfuafion, ils déterminent la Régence à les recevoir, & à leur faire fournir des fourages ; & j'efpère qu'ils ne s'y refuferont pas.

MEMOIRES
POLITIQUES & MILITAIRES
POUR SERVIR à
L'HISTOIRE
DE NOTRE TEMS.

No. VII.

SUITE DES EXTRAITS DES LETTRES DU MARECHAL DE CONTADES, à Mr. LE DUC DE BELLEISLE.

A Wefel le 29 Novembre.

L'Electeur de Treves m'a envoyé le même Gentilhomme qui étoit déjà venu icy, pour m'apprendre que fon maître vous avoit envoyé un fecond Courier, par lequel il demande qu'il n'y ait point de troupes Françoifes pendant l'hyver dans la Ville de Coblentz. J'ignore encore l'effet qu'aura fait la dernière Lettre que Mr. le Chevalier d'Aigremont m'avoit demandé de lui écrire. A tout événement j'ai envoyé des ordres aux trois Bataillons pour cantonner dans des Villages à portée de Coblentz, jufqu'à ce quil foit décidé s'ils entreront dans la Ville.

J'ai reçu hier une Lettre Mr. de Cobenfel, qui me mande qu'il prendra l'ordre de

G

de

Mr. le Prince Charles, pour faire recevoir dans le Duché de Limbourg les deux Bataillons qui y sont destinés : Ce sera le Régiment de Condé : celui d'Orleans, qui a fait son établissement à Liége, y restera. A la fin de la Lettre de Mr. de Cobenzel, il dit qu'au premier avis qu'il aura de l'arrivée de ces deux Bataillons dans le Limbourg, il enverra des ordres pour qu'il leur soit fourni le logement, le bois, & la lumière : Il ne parle point de fourage ; & je suis disposé à croire que son intention n'est pas d'en fournir. On ne peut pas dire que ce Ministre soit aisé en affaires.

•◦§§◦ *.* ◦§§◦•◦§§◦ *.* •◦§§◦•◦§§◦ *.* •◦§§◦•

Du 1er Decembre à Mœurs.

Jusqu'à présent je n'ai vû que des quartiers dans les pays ennemis. J'ai eu des représentations sur ce que nos Soldats n'ont pas toutes les fournitures qui sont ordonnées. Pouvant ordonner en maître, j'ai expliqué aux Régiments & aux Bourguemestres si sérieusement mes intentions sur ce qui devoit être fourni aux troupes, & que je ne voulois pas qu'il y eût un Bourgeois qui eût un Lit avant que nos Soldats fussent couchés. Cela a fait l'effet que je pouvois en attendre dans

le

le pays de Clèves: Cela fera le même dans
ce pays - cy, & les troupes feront bien.
Mais je trouverai plus de difficulté dans le
pays de Juliers & de Cologne: Les Régen-
ces de ces pays fe plaignent fans cefle, &
fe refufent à tout. Je ferai les politefles
convenables, mais en même-temps j'y met-
trai là fermeté néceffaire. Il ne feroit pas
raifonnable de permettre que les troupes du
Roy, qui entrent dans leurs quartiers avec
très - peu de malades, fouffriffent pendant
l'hyver; & il eft certain que je ne négligerai
rien de tout ce qui pourra les conferver.

* *

à Duffeldorp le 3 Decembre.

J'eus hier en arrivant ici une converfation
avec Mr. de Schaesberg, fur le peu de
vivacité que mettoit la Régence de Duffeldorp à faire fournir aux troupes du Roi les
chofes dont elles avoient befoin pendant le
quartier d'hyver. Après beaucoup de repréfentations & de lamentations fur l'état actuel
des fujets de l'Electeur Palatin, & m'affu-
rant qu'il feroit tout ce qui dépendroit de
lui, de même qu'il me la mandé par plufieurs Lettres, pour que les troupes deftinées
à hyverner dans le Pays de Bergh & Juliers

G 2

ne

ne manquaſſent pas, il convint que ſon autorité étoit très-limitée, & qu'il trouvoit ſouvent de l'oppoſition de la part de Mr. de Robertz, Vice-Chancelier, & plus encore de Mr. Greet, Conſeiller intime, qui pour cette partie avoit la confiance de ſa Cour: Qu'il me prioit de parler à ces deux Meſſieurs devant lui, & de leur expliquer à tous trois mes intentions. Ils ſont venus tous trois chez moi ce matin: J'y avois donné rendez-vous à Mr. de St. Germain & à Monſieur l'Intendant. Après beaucoup de conteſtations, Mr. de Greet portant toujours la parole, & parlant avec beaucoup d'Eſprit & de connoiſſance de la matière dont il étoit queſtion, j'ai fini par dire, qu'il m'étoit impoſſible de prendre une poſition différente de celle que j'avois pris; qu'il étoit néceſſaire que je la conſervaſſe, pour être en état d'agir avec force au Printemps: que le Roi & ſes Alliés y avoient le même intêrét; que je ſçavois par les reconnoiſſances que j'avois fait faire dans le pays de Juliers, qu'il y avoit ſuffiſamment de fourage pour la conſommation des Chevaux du pays & la ſubſiſtance de ceux des troupes qui doivent y paſſer l'hyver; que cette quantité de troupes avoit été fort diminué, par 22 Eſcadrons & douze Bataillons Saxons qui

avoient

avoient paſſé à l'Armée de Soubiſe, 4 Eſcadrons qui paſſoient en France, & 25 qui
hyvernoient dans le pays de Liége: Que j'é-
tois fort occupé de marquer à l'Electeur Palatin tous les reſpects que je lui dois, à ſes
miniſtres beaucoup d'égards, & aux peuples
tous les ménagemens poſſibles; mais que je
ne laiſſerois pas mourir de faim les troupes
dont le commandement m'étoit confié; &
que s'ils ne vouloient pas ſe prêter à faire
fournir aux troupes ce dont elles ont beſoin,
je le ferois prendre; ce qui entraîneroit,
quelque précautions que je puſſe prendre,
beaucoup de déſordre & une plus grande
conſommation: Que je ſentois bien qu'il y
avoit des Baillages plus en état de fournir
les uns que les autres; que c'étoit à eux à
faire cette répartition; que je ne voyois d'autre moyen pour la faire avec ordre & juſtice, que de voir à quoi pourroit monter la
conſommation de l'hyver, en même temps
faire des arrondiſſemens, & apprendre aux
Bourguemeſtres ou Bailiifs quelles troupes ils
devoient fournir, leur donner les ordres en
conſéquence, m'en donner des copies; afin
que je puſſe mander aux commandans de:
troupes à quels Bailliages ils devoient s'addreſ-
ſer pour avoir les fourages qui leur étoient
néceſſaires, Après y avoir mis toute la fermeté

méré que j'ai cru nécessaire, j'ai fait politesse à Mr. Greet: Il est convenu que j'avois raison, & qu'il alloit travailler sur cela avec Mr. Gayot, qui vient de me rendre compte du travail qu'il a fait avec lui cet après-midi sur cela. Il l'a trouvé plus traitable qu'il ne s'y attendoit. Mr. Greet lui a dit, que pour prendre un arrangement solide, & tel qu'il convenoit de le prendre, il avoit besoin de l'ordre de sa Cour; qu'il falloit avant tout que les troupes ne manquassent pas; qu'il alloit y pourvoir, & qu'il espéroit que je serois content: Que pour assurer cette subsistance pendant tout l'hyver, il pensoit qu'il falloit faire une imposition en fourage sur tout le Pays de Juliers de la quantité dont nous avions besoin ; & que c'étoit sur ce dernier article qu'il avoit besoin d'ordre ou au moins de permission de sa Cour.

Convenus de ce qu'il y avoit à faire pour le Pays de Juliers, je suis venu à parler du Pays de Bergh, & j'ai dit que pour que je fusse, tranquille sur les opérations militaires, il falloit que j'eusse à Wezel & à Dusseldorp des Magazins assez considérables pour pouvoir rassembler l'Armée & la faire vivre ensemble; que pour y parvenir, je ne devois pas faire subsister les troupes en garnison dans

Dussel-

Duſſeldorp du Magazin qui s'y formoit par
les foins qui venoient de France; que le
Pays de Bergh devoit fournir aſſez de ſubſiſtances, indépendamment de celle des troupes légères qui y ſont placées; que je tirerois du Pays de la Marck tout ce qui ſeroit
poſſible, mais que j'en tirerois en même
tems du Pays de Bergh; que les troupes
légères étoient deſtinées à favoriſer ces tranſ-
ports; que j'ordonnois à Mr. de St. Germain
de ne rien négliger de tout ce qui ſeroit néceſſaire à l'execution de cet arrangement, &
que je ne doutois pas qu'ils ne nous fourniſ-
ſent les voitures dont nous aurions beſoin
pour ſuivre cet Arrangement: Qu'il pourroit
être utile au peuple que les fourages dont ils
n'avoient pas beſoin pour la ſubſiſtance de
leurs Chevaux, fuſſent dans Duſſeldorp; qu'ils
y ſeroient plus en ſureté, n'étant pas expoſés à être pris par l'Ennemi, & dont nous
donnerions exactement des Reçus. Ces Meſſieurs ne ſe ſont pas oppoſé à cet Arrangement: Ils paroiſſent même l'approuver; mais
je ne me flatte pas que toutes les difficultés
ſoient levées. S'ils en font de nouvelles, je
ferai de mon mieux pour les ſurmonter.

A Gre-

A Crevelt le 14. Decembre.

Mr. Gayot m'a dit que quoique M. de Cobenfel difoit qu'il ne faifoit fournir le fourage aux deux Bataillons de Condé dans le Pays de Limbourg que provifionnellement, il lui étoit impoffible à lui, Mr. Gayot, de pourvoir à cette fourniture, & d'en charger un Entrepreneur qui commenceroit par demander de l'Argent, & qu'il n'en a point à lui donner, il eft indifpenfable que le Pays de Limbourg en fourniffe : Qu'il a ordonné au Commiffaire des guerres qui a la police de ces deux Bataillons, d'avoir grande Attention que les Reçus fuffent donnés exactement ; mais que fi les Baillifs faifoient difficulté de fournir, de ménager les termes autant qu'il le pourra, & finir par leur faire entendre que s'ils ne fourniffent pas, les Chevaux de ces troupes ne peuvent pas mourir de faim, & que l'on prendra ce qui fera néceffaire à leur fubfiftance. Il faut toujours revenir à dire, qu'il eft très-incommode d'avoir à faire la guerre chez fes Amis, & de n'avoir pas d'argent.

Je

Je reçois dans le moment, M. le Maréchal, les deux Lettres que vous m'avez fait l'honneur de m'écrire le 7. & le 8.   Je vois avec grand plaisir dans la première que vous approuvez le ton ferme que j'ai pris avec la Régence de Dusseldorp.   Je serois bien tenté d'en user de même avec M. de Cobenfel, qui se prête difficilement à ce que nous lui demandons.

Du 21. Decembre

Le Gentilhomme de l'Electeur de Treves, Monsieur le Maréchal,   qui est ici, est venu me dire ce matin, qn'il avoit ordre de son maître de m'apprendre qu'il ne pouvoit pas laisser entrer dans la Ville de Coblentz les deux Bataillons du Regiment d'Enghien, & qu'il vous l'avoit écrit : Que de plus, son Pays n'étoit pas en état de sournir le fourage aux 4. Escadrons & deux Bataillons qui doivent y passer l'hyver; qu'il m'en previent, afin que je visse à pourvoir à leur subsistance, ou à les retirer; qu'il n'étoit pas possible que ses sujets, qui n'avoient de fourage que ce qui étoit necessaire pour leurs Chevaux & bestiaux, en achetassent pour

G 5   sourfournir aux troupes du Roi, d'autant plus qu'ils n'étoient pas en état de faire cette dépense. Il a joint à cela, que depuis cette guerre-ci l'Electorat de Treves avoit servi de paffage à toutes nos troupes, & à nos recrues qui venoient du Haut-Rhin joindre l'Armée; ce qui faifoit une charge confiderable pour le Pays; & que jufqu'à préfent il n'y avoit rien eu de payé fur ce qui avoit été fourni à ces troupes: Qu'il me prioit de trouver un expédient pour qu'a l'avenir elle ne paffaffent plus dans l'Electorat de Treves; que cela étoit poffible, ou en changeant la route, ou en embarquant fur la Mofelle ce que nous voudrions faire venir de France. Tout cela s'eft dit avec beaucoup d'embarras de la part du Gentil-homme qui me parloit, & d'excufes d'avoir à me dire des chofes qui pourroient ne pas m'être agréables.

J'ai répondu, que d'après tout ce que vous m'aviez mandé fur la façon de penfer de l'Electeur de Treves, j'étois étonné qu'il fe refufât à laiffer entrer deux Bataillons dans la Ville de Coblentz: Que j'attendrois vos ordres fur le party, que vous m'ordonneriez de prendre fur cela. A l'égard des fourages qu'il m'annonçoit qu'inceffamment on ne

four-

fourniroit plus aux 4. Efcadrons & deux Bataillons deftinez à hyverner dans Coblentz
& aux environs, je n'en avois aucune inquiétude; que je fçavois qu'il y en avoit
dans le Pays; que j'avois ordonné aux Commandans de faire obferver la plus exacte
difcipline, de donner des Reçus de tout ce
qui leur feroit fourni; mais que le jour
que l'on cefferoit de leur fournir du fourage, d'en prendre où ils en trouveroient, en
continuant cependant à donner des Reçus
de ce qu'ils prendroient. Que pour le paffage de nos troupes dont il fe plaignoit, je
n'y pouvois rien changer; que je continue-
rois à faire des requifitions de même que
cela a été pratiqué jufqu'à préfent : Qu'il
n'étoit pas praticable de ne fe pas fervir de
la route la plus droite; qu'à l'égard de ce
qu'il me propofoit d'embarquer fur la Mofelle, on avoit fait ufage de cet expédient
ru Printemps dernier, & qu'il y avoit apparence que l'on en uferoit de même au
Printemps prochain, pour l'Infanterie & les
Recrues qui viendroient de France. Qu'à
toutes les repréfentations qu'il me faifoit pour
faire fortir nos troupes de l'Electorat de Treves, il falloit qu'il fût fûr que les Pruffiens
ne marcheroient pas fur la Lohn. Le nom
de Pruffiens, qui pourroient marcher fur la
Lohn,

Lohn; a paru l'effrayer. Il m'a demandé si j'avois quelque nouvelle sur cela. Je lui ai dit que non, mais que cela étoit possible, & que c'étoit cette possibilité qui avoit engagé le Roi à mettre des troupes dans l'Electorat de Treves, pour couvrir & protéger ce pays-là.

J'ignore si la politique éxige que nous ayons de grands ménagemens pour l'Electeur de Treves; mais en ne voyant cela que militairement, je pense qu'il est très-nécessaire que nous ayons des troupes dans la Ville de Coblentz, & plus encore dans la Citadelle, qui est sur la rive droite du Rhin, pour avoir un point d'appuy dans cette partie, en prévoyant tous les Cas qui peuvent arriver. J'ai ordonné à Mr. Dauvet dans son instruction, que s'il étoit obligé de se retirer du Comté de Neuwied, ce que je n'imaginois pas, il devoit se replier sur la Citadelle de Coblentz, & ensuite dans la Ville, s'il étoit poussé par des forces supérieures; il ne peut pas avoir d'autre retraite. Si ce Cas-là arrivoit, il me paroîtroit indispensable d'occuper cette Citadelle de gré ou de force. Je finis la Conversation avec le Gentilhomme de l'Electeur de Treves par lui dire, que j'allois vous rendre compte de tout ce qu'il me disoit foit de la part de fon maître; que toutes les fois que j'aurois le temps d'attendre votre réponfe avant de prendre mon parti, j'attendrois vos ordres, mais, ce qui arrive fouvent à la Guerre, il y a des Cas où il faut fe décider fur le champ: Que dans ceux-là j'agirois militairement, fans avoir égard aux repréfentations, & que je ferois ce qui me paroîtroit le mieux pour la caufe commune.

Je ne doute pas que Mr. d'Affry ne vous ai fait part de l'efpérance qu'il a que les Etats - Généraux permetrront la fortie des Fourages dont nous aurons befoin.

⁂⁂⁂⁂⁂⁂⁂⁂⁂⁂

Du 22 Decembre.

Le Sieur Hugues, Monfieur le Maréchal, eft arrivé ici ce matin, & m'a remis une Lettre de Mr. d'Affry, qui me confirme ce qu'il m'avoit annoncé, que les Etats - Généraux ont accordé audit Hugues la permiffion de faire fortir d'Hollande le million de rations qu'il s'eft engagé de nous fournir. Mr. Gayot fuivra cette affaire, & vous en rendra compte.

Du

❀ ❀ ❀ ❀ ❀ ❀ ❀ ❀ ❀ ❀

Du 24 Decembre. 1758.

Mr. Gayot me rend compte que Mr. Kinkel, Commiſſaire Autrichien, qui juſqu'à préſent à été chargé de recevoir les Revenus des pays conquis, refuſe de ſe déſaiſir de ce qu'il a touché, ſans un ordre de ſa Cour, qu'il n'a pas reçu. Il eſt aiſé de l'empêcher de recevoir à l'avenir; mais il eſt difficile de l'obliger, ſans violence, à nous donner ce qui eſt dans ſa Caiſſe.

Je reçois dans le moment une lettre de Mr. Daigremont, qui me confirme ce que m'a dit le Gentilhomme de l'Electeur de Treves de la part de ſon maître, qu'il ne veut pas que les deux Bataillons d'Enghien entrent dans la Ville de Coblentz. J'avois inſtruit Mr. le Chevalier Daigremont de ce que m'avoit dit le Gentilhomme de Treves, & je lui avois envoyé en même temps la Copie de la Lettre que j'ai eu l'honneur de vous écrire ſur cela.

A V I S.

La Suite de ces Memoires s'imprime actuellement, & paroîtra inceſſement.